“改革开放与新时代”研究丛书

Jingji Jianshe
Xin Chengjiu

经济建设新成就

汪立峰　著

中国人民大学出版社

·北京·

目　录

第一章　我国经济建设概况

“以经济建设为中心是兴国之要，发展仍是解决我国所有问题的关键。只有推动经济持续健康发展，才能筑牢国家繁荣富强、人民幸福安康、社会和谐稳定的物质基础。”① 改革开放40年来，我们党带领全国各族人民，取得了经济建设的辉煌成就。这些成就是我们在总结新中国成立后经济建设的经验并吸取教训的基础上取得的，更是我们坚持以经济建设为中心、一心一意谋发展的必然结果。

第一节　新中国成立后我国经济建设概况

新中国成立后，我国经济建设工作走上轨道，但也面临着极其严重的困难。如何在一穷二白的基础上恢复和发展国民经济并不断提升人民的生活水平，成为我们党亟待解决的难题。对此，毛泽东同志指出：“要获得财政经济情况的根本好转，需要三个条件，即：（一）土地改革的完成；（二）现有工商业的合理调整；（三）国家机构所需经费的大量节减。”② 通

① 习近平．习近平关于社会主义经济建设论述摘编．北京：中央文献出版社，2017：3.

② 中共中央文献研究室．建国以来重要文献选编：第1册．北京：中央文献出版社，1992：233.

过稳定物价、统一财经、调整工商业以及“三反”“五反”运动，到1952年，我国经济取得了根本好转，当年社会总产值比1949年实际增长85%[①]，1949—1952年的经济建设极大地解放了生产力，也为此后的社会主义改造和大规模经济建设奠定了基础。

从中华人民共和国成立，到社会主义改造基本完成，这是一个过渡时期。1953年，我们党正式确立了过渡时期的总路线，即“一化三改造”。“一化”就是逐步实现国家的社会主义工业化，“三改造”就是逐步实现国家对农业、手工业和资本主义工商业的社会主义改造。“党在过渡时期的总路线的实质，就是使生产资料的社会主义所有制成为我国国家和社会的唯一的经济基础。”[②] 过渡时期的总路线反映了全国人民走社会主义道路、开展社会主义经济建设的迫切愿望，因而得到了人民的拥护。同年，我国开始实行“一五”计划。“发展国民经济的第一个五年计划是实现党的总路线的一个重大的步骤。”[③] “一五”计划的基本任务包括：集中力量进行工业建设，建立我国社会主义工业化的初步基础；建立对农业、手工业、私营工商业社会主义改造的基础。1956年，生产资料的社会主义改造基本完成，以生产资料公有制为基础的社会主义基本经济制度建立起来。

1956年，党的八大在总结七大以来的经验的基础上，研究制定了党在新时期的路线和社会主义建设的方针、政策。这次会议明确指出我国国内的主要矛盾“已经是人民对于建立先进的工业国的要求同落后的农业国的现实之间的矛盾，已经是人民对于经济文化迅速发展的需要同当前经济文化不能满足人民需要的状况之间的矛盾”[④]。当时的主要任务就是要“把我国由落后的农业国变为先进的社会主义工业国”[⑤]，这集中体现了中国共产党在探索建设社会主义道路方面取得的初步成果。但是由于“左”倾错误的影响，1957年之后，全党全国的各项工作开始强调“以阶级斗争为纲”，

---

① 国家统计局．中国统计年鉴（1983）．北京：中国统计出版社，1983．

② 毛泽东．毛泽东文集：第6卷．北京：人民出版社，1999：316．

③ 中共中央文献研究室．建国以来重要文献选编：第6册．北京：中央文献出版社，1993：102．

④ 中共中央文献研究室．建国以来重要文献选编：第9册．北京：中央文献出版社，1994：341．

⑤ 同④342．

以及“大跃进”和人民公社化运动兴起，给社会生产和人民生活带来了很大的冲击，致使国民经济遭遇严重困难。为全面调整和恢复国民经济，1961年，中央确定了对国民经济进行“调整、巩固、充实、提高”的八字方针。经过1961—1965年的努力，国民经济调整的任务基本完成，社会生产得到恢复，人民生活有所改善。与此同时，我国开始执行第三个五年计划。

但是，1966—1976年的“文化大革命”给国民经济带来了深重灾难。在“文化大革命”初期，社会生产连年下降，国民经济全面衰退。虽然1972年国家开始对国民经济进行了多方面的调整，取得了一定的成效，但是1974年的“批林批孔”运动对生产建设领域产生了很大的冲击。1975年邓小平同志主持工作期间，提出了进行全面整顿的思想，取得了明显成效。然而，1976年“反击右倾翻案风”运动使国民经济再次遭到破坏。

粉碎“四人帮”、结束“文化大革命”后，为恢复和发展国民经济，中央在农业、工业、计划、铁路、基建等方面采取了一系列的措施，并努力提高城镇职工的工资水平和生活待遇，适当提高农产品价格。这些措施有力地促进了经济发展，为党的十一届三中全会的召开提供了有利条件。

总的来看，新中国成立至1976年，虽然经历了各种挫折和考验，但我国经济仍在曲折中前进发展，取得了一定的成就。1949年我国社会总产值为557亿元，1978年则增至6 846亿元，增长了11.3倍。从国民经济的主要指标看，1952—1978年，国民收入增长了3.5倍，农业总产值增长了1.3倍，工业总产值增长了15倍，粮食产量由16 392万吨增至30 477万吨，布产量由38.3亿米增至110.3亿米，发电量由73亿度增至2 566亿度，货物周转量由762亿吨公里增至9 829亿吨公里，社会商品零售总额由276.8亿元增至1 558.6亿元，进出口总额由64.6亿元增至355.1亿元，国家财政收入由183.7亿元增至1 121.1亿元，全民所有制单位职工年平均工资由446元增至644元①。

① 国家统计局. 中国统计年鉴（1983）. 北京：中国统计出版社，1983.

第二节　改革开放以来我国经济建设概况

“文化大革命”结束后，全国各族人民欢欣鼓舞，对国家前途和社会主义经济建设充满了新希望。1978 年 5 月 11 日，《光明日报》发表特约评论员文章《实践是检验真理的唯一标准》，由此引发了一场关于真理标准问题的大讨论。这场讨论冲破了“两个凡是”的思想束缚，有力促进了全党同志和全国人民解放思想，也为彻底扭转“以阶级斗争为纲”的路线提供了思想上的准备。

1978 年 12 月召开的党的十一届三中全会分析了当时的国内国际形势，发出“把全党工作的着重点和全国人民的注意力转移到社会主义现代化建设上来”的号召，强调要“为根本改变我国的落后面貌，把我国建成现代化的伟大社会主义强国而奋勇前进”。党的十一届三中全会是中国历史上具有深远意义的伟大转折，开启了改革开放的历史新时期，中国由此从“以阶级斗争为纲”转向“以经济建设为中心”。

工作中心的转移，意味着我们党在路线问题上开始出现重大转折。十一届三中全会之后，我们党对经济建设重要地位的理解不断深化，对我们党要走什么样的路线有了更清晰、更科学的认识。1987 年党的十三大报告明确提出党的基本路线是：“领导和团结全国各族人民，以经济建设为中心，坚持四项基本原则，坚持改革开放，自力更生，艰苦创业，为把我国建设成为富强、民主、文明的社会主义现代化国家而奋斗。”这一路线概括起来就是“一个中心、两个基本点”。“一个中心”就是以经济建设为中心，“两个基本点”就是坚持四项基本原则、坚持改革开放。

改革开放以来，我们牢牢将发展作为党执政兴国的第一要务，毫不动摇地坚持“一个中心、两个基本点”的基本路线，深化经济体制改革，艰苦创业，锐意进取，取得了社会主义经济建设的辉煌成就①。

——综合国力显著增强。1978 年，我国仍处于相对贫穷落后的发展水

① 下文数据来源：国家统计局．中国统计年鉴（2017）．北京：中国统计出版社，2017．

平，国内生产总值仅为 3 678.7 亿元，在全球经济体系中的地位不高。经过几十年的经济建设，我国已成为世界经济增长的主要动力源和稳定器，在全球经济体系中的地位也不断提高。2016 年我国国内生产总值增长到 74.36 万亿元，年均实际增长 9.58%，经济总量已跃居世界第 2 位。在将近 40 年的时间内，我国经济能保持较高速度的增长，可以说是世界经济增长史上的奇迹。综合国力的竞争说到底是创新力的竞争，改革开放以来，我国深入实施创新驱动发展战略，推动科技创新、产业创新、企业创新、市场创新、产品创新、业态创新、管理创新等，具有世界先进水平的重大科技创新成果不断涌现，高新技术产业蓬勃发展，创新型国家建设成果丰硕。

——经济结构不断优化。从产业结构来看，三次产业结构比重不断优化，第三产业比重不断增加。1978 年我国三次产业结构比重为 9.8%∶61.8%∶28.4%，2016 年则为 4.4%∶37.4%∶58.2%。特别是 2015 年我国第三产业比重首次突破 50%，达到 52.9%，表明我国基本上已经进入服务业主导的后工业社会。我国还注重改造提升传统产业，深入推进信息化与工业化深度融合，着力培育战略性新兴产业，大力发展服务业，特别是现代服务业，积极培育新业态和新商业模式，努力构建现代产业发展新体系。从动力结构来看，消费对经济增长的带动作用逐步增强。1978 年最终消费支出、资本形成总额、货物和服务净出口对经济增长的贡献率分别为 38.3%、67.0%和－5.3%，资本形成总额的贡献率居于主要地位，2016 年三者的贡献率已调整为 64.6%、42.2%和－6.8%，显示消费对经济增长起着主要的拉动作用。

——农业现代化稳步推进。粮食生产能力保障水平提高，耕地保护制度得到有效落实，稻谷、小麦等口粮种植面积总体稳定，2016 年全国粮食播种面积 113 034 千公顷（169 551 万亩），粮食总产量 61 625 万吨（12 325 亿斤），单位面积产量 5 451.9 公斤/公顷（363.5 公斤/亩），主要农作物产量居于世界前列，我们已经可以利用自己的耕地养活十多亿人口。农业经营体系逐步建成，自推行家庭联产承包责任制以来，我国积极稳定农村土地承包关系，完善土地所有权、承包权、经营权分置办法，依法推进土地经营权有序流转，推动实现多种形式的农业适度规模经营，不断健全农业社会化服务体系。

——城镇化水平不断提高。通过深化户籍制度改革、推动农业人口转移、优化城镇布局等措施，努力缩小城乡发展差距，推进城乡发展一体化，提高城镇化（城镇人口占总人口比重）水平。1978 年我国城镇化水平仅为 17.92%，2016 年则达到 57.35%。既有京津冀、长三角、珠三角这样的世界级城市群，也有若干区域服务功能突出、辐射带动作用明显的中心城市；既有市政基础设施和公共服务设施不断完善的中小城市，也出现了大量特色鲜明、产城融合、充满魅力的小城镇，以及和谐宜居、富有活力、各具特色的城市。

——区域发展协调性逐步增强。在改革开放初期，通过允许一部分人、一部分地区先富起来，东部沿海地区的经济得到了迅速发展。随着改革开放的深入，我们深入实施西部大开发、东北振兴、中部崛起和东部率先发展的区域发展总体战略，加大区域协调力度，完善区域发展机制，以先富带动后富，努力缩小区域发展差距。“一带一路”建设、京津冀协同发展、长江经济带发展成效显著，对革命老区、民族地区、边疆地区和困难地区的支持力度不断加大，蓝色经济空间逐步拓展，推动形成要素有序自由流动、主体功能约束有效、基本公共服务均等、资源环境可承载的区域协调发展新格局。

——人民生活水平显著提高。改革开放 30 多年是我国城乡居民收入增长最快、得到实惠最多的时期。1978—2016 年，全国城镇居民人均可支配收入由 343 元增加到 33 616.2 元，按可比价格计算，实际增长约 13 倍；农民人均纯收入由 133.57 元增加到 12 363.4 元，按可比价格计算，实际增长约 15 倍①。教育事业全面发展，学前教育实现跨越式发展，九年义务教育的普及成果进一步巩固，高等教育正在向普及化阶段快速迈进，现代职业教育体系初步建立。就业状况持续改善，就业方式日益灵活，城镇就业规模逐步扩大，公众就业创业服务能力不断提高。覆盖城乡居民的社会

---

① 2016 年城镇居民人均可支配收入和农民人均纯收入相对于 1978 年的增长倍数为约数，近似为 2015 年增长倍数。《中国统计年鉴（2017）》按可比口径的城镇居民人均可支配收入指数和农民人均纯收入指数只推算到 2015 年，2016 年起不再推算。

保障体系日益健全，人民健康和医疗卫生水平大幅提高。

——开放型经济新体制逐步健全。改革开放以来，我国坚持对外开放基本国策，成功实现了从封闭、半封闭到全方位开放的伟大历史转折。从建立经济特区到开放沿海、沿江、沿边、内陆地区再到推进“一带一路”建设，从恢复国际货币基金组织的合法席位和世界银行的代表权到加入世界贸易组织，再到发起创办亚洲基础设施投资银行、设立丝路基金，从大规模“引进来”到大踏步“走出去”，利用国际国内两个市场、两种资源水平显著提高，国际竞争力不断增强，对外开放新局面逐步形成。1978—2016 年，我国进出口总额从 355.1 亿元提高到 243 386.5 亿元，跃居世界第二；2016 年外汇储备超过 3 万亿美元，连续多年保持世界首位；对外投资大幅增长，2016 年对外投资流量蝉联全球第二，存量全球排名前进两位，跃居第六；扩大开放领域，放宽准入限制，积极有效引进境外资金和先进技术，1978—2016 年实际使用外资额累计近 19 721 亿美元。

纵观改革开放 40 年，我国经济建设取得的成就是全面的、开创性的。改革开放让中国人民大踏步赶上了时代潮流，走上了全面建成小康社会的宽阔大道，迎来了实现中华民族伟大复兴的光明前景。一个崭新的中国，正巍然屹立于世界的东方。

第二章　社会主义基本经济制度的确立

在社会主义初级阶段，我国实行以公有制为主体、多种所有制经济共同发展的基本经济制度。公有制经济和非公有制经济都是社会主义市场经济的重要组成部分，都是我国经济社会发展的重要基础。公有制是社会主义基本经济制度的基础，也是社会主义的本质特征之一。非公有制经济是社会主义基本经济制度的重要组成，在社会主义经济建设中发挥着重要作用。改革开放40年来，我国的公有制经济和非公有制经济都取得了长足的发展。我们必须坚持和完善我国社会主义基本经济制度，毫不动摇巩固和发展公有制经济，毫不动摇鼓励、支持、引导非公有制经济发展。

第一节　社会主义基本经济制度的丰富内涵

基本经济制度是反映一个社会最基本的生产关系的生产资料所有制结构的经济制度。所谓生产资料所有制，是指人们在生产资料所有、占有、支配和使用等方面所结成的经济关系。以公有制为主体、多种所有制经济共同发展是我国社会主义初级阶段的基本经济制度，这一基本经济制度是在我们党对我国基本国情的认识不断深化的基础上逐步形成的。

从基本国情来看，我国最大的国情是现在处于并将长期处于社会主义初级阶段。这有两个层面的含义：一方面，我们是社会主义社会。新中国成立以后，我国社会逐步实现了由新民主主义到社会主义的过渡，完成了生产资料私有制的社会主义改造，确立了社会主义制度。社会主义制度是我国的根本制度，它是建立在生产资料公有制的基础上的，可以说，公有制是社会主义的本质特征之一，否定了公有制就是否定了社会主义。因此，我们坚持和发展社会主义，就必须坚持以公有制为基础。另一方面，我们的社会主义还处于初级阶段。生产力决定生产关系，生产关系一定要适应生产力的发展，这是人类社会发展的普遍规律。在社会主义初级阶段，我们的生产力水平还不高，且发展很不平衡。与这种生产力水平相适应，我们必须在公有制的基础上发展多种所有制经济。

第二节 社会主义基本经济制度的形成过程

新中国成立后，经过多年的努力，我国建立和发展了社会主义经济，基本上完成了对生产资料私有制的社会主义改造，实现了生产资料公有制。在此后一个时期内，我国生产资料公有制的特点是追求“一大二公”。十一届三中全会以后，我们党在总结新中国成立以来的经验教训，特别是“文化大革命”的教训的基础上，逐步确立了一条适合我国情况的社会主义现代化建设的正确道路。这条道路，包含了我们对社会主义初级阶段基本经济制度的探索。

党的十一届六中全会从生产关系与生产力的角度阐述了要在公有制基础上发展多种经济成分：“社会主义生产关系的变革和完善必须适应于生产力的状况，有利于生产的发展。国营经济和集体经济是我国基本的经济形式，一定范围的劳动者个体经济是公有制经济的必要补充。必须实行适合于各种经济成分的具体管理制度和分配制度。”① 尽管这里在提到个体经济时使用了“一定范围”“补充”等限定性表述，但这是我国对所有制结

① 中共中央文献研究室. 三中全会以来重要文献选编：下. 北京：人民出版社，1982：840-841.

构认识的一个重要突破，改变了那种社会主义只能实行完全的公有制的观念。“社会主义生产关系的发展并不存在一套固定的模式，我们的任务是要根据我国生产力发展的要求，在每一个阶段上创造出与之相适应和便于继续前进的生产关系的具体形式。”① 不过，个体经济在当时仍属于“新事物”，社会对个体经济的认识不可避免地受到旧思想的影响。彻底扭转这样的认识，必须经历一个过程。

党的十二大研究了坚持国营经济的主导地位和发展多种经济形式的问题。一方面强调社会主义国营经济在整个国民经济中居于主导地位。“巩固和发展国营经济，是保障劳动群众集体所有制经济沿着社会主义方向前进，并且保障个体经济为社会主义服务的决定性条件。”② 另一方面指出，由于我国生产力发展水平比较低，且很不平衡，因此在很长时期内需要多种经济形式并存。“在农村，劳动人民集体所有制的合作经济是主要经济形式。城镇手工业、工业、建筑业、运输业、商业和服务业，现在都不应当也不可能由国营经济包办，有相当部分应当由集体举办。城镇青年和其他居民集资经营的合作经济，近几年在许多地方发展了起来，起了很好的作用。”③ 为促进各种经济形式的合理配置和发展，推动繁荣城乡经济，方便人民生活，党的十二大强调要对这些经济形式给以支持和指导，鼓励劳动者个体经济在国家规定的范围内和工商行政管理下适当发展，作为公有制经济必要的和有益的补充，绝不能对它们排挤和打击。

党的十二届三中全会通过的《中共中央关于经济体制改革的决定》进一步明晰了全民所有制经济、集体经济和个体经济的关系。第一，关于全民所有制经济。全民所有制经济是我国社会主义经济的主导力量，对于保证社会主义方向和整个社会经济的稳定发展起着决定性的作用，但是全民所有制经济的巩固和发展绝不应以限制和排斥其他经济形式和经营方式的发展为条件。第二，关于集体经济。集体经济是社会主义经济的重要组成部分，许多领域的生产建设事业都可以依靠集体经济来兴办。第三，关于

---

① 中共中央文献研究室. 三中全会以来重要文献选编：下. 北京：人民出版社，1982：841.

②③ 中共中央文献研究室. 十二大以来重要文献选编：上. 北京：人民出版社，1986：20.

个体经济。我国的个体经济是和社会主义公有制相联系的，不同于和资本主义私有制相联系的个体经济，它对于发展社会生产、方便人民生活、扩大劳动就业具有不可代替的作用，是社会主义经济必要的和有益的补充，是从属于社会主义经济的。这就明确了个体经济在社会主义经济建设中的地位和重要作用。该决定要求："当前要注意为城市和乡镇集体经济和个体经济的发展扫除障碍，创造条件，并给予法律保护。特别是在以劳务为主和适宜分散经营的经济活动中，个体经济应该大力发展。同时，要在自愿互利的基础上广泛发展全民、集体、个体经济相互之间灵活多样的合作经营和经济联合，有些小型全民所有制企业还可以租给或包给集体或劳动者个人经营。"① 该决定强调："坚持多种经济形式和经营方式的共同发展，是我们长期的方针，是社会主义前进的需要，决不是退回到建国初期那种社会主义公有制尚未在城乡占绝对优势的新民主主义经济，决不会动摇而只会有利于巩固和发展我国的社会主义经济制度。"②

随着经济的发展，我国出现了越来越多的所有制经济。除了个体经济之外，城乡合作经济、私营经济、外资经济等也如雨后春笋般地兴起，如何认识和看待这些新兴的所有制经济形式，是摆在我们党面前的一个重要课题。面对新的形势和问题，党的十三大提出要在以公有制为主体的前提下继续发展多种所有制经济。一方面，社会主义初级阶段的所有制结构应以公有制为主体；另一方面，全民所有制以外的其他经济成分，如城乡合作经济、个体经济和私营经济，都要继续鼓励它们的发展。党的十三大对私营经济的性质和作用进行了界定，指出私营经济是存在雇佣劳动关系的经济成分，但在社会主义条件下，它必然同占优势的公有制经济相联系，并受公有制经济的巨大影响；私营经济一定程度的发展，有利于促进生产、活跃市场、扩大就业，更好地满足人民多方面的生活需求，是公有制经济必要的和有益的补充。大会还肯定了中外合资企业、合作经营企业和外商独资企业是我国社会主义经济必要的和有益的补充，指出要切实保护国外投资者的合法利益，进一步改善投资环境。由于我国各个地区、各个

①② 中共中央文献研究室．十二大以来重要文献选编：中．北京：人民出版社，1986：580.

领域的经济发展不平衡，不宜对各地各部门的公有制经济发展“一刀切”，千篇一律套用某一固定的标准。因此，党的十三大还指出，在不同的地区和不同的经济领域，各种所有制经济所占的比重可以有所不同。这一政策充分考虑和照顾了各地各部门经济发展的差异性。比如，在老工业基地，公有制经济尤其是全民所有制经济的比重可能非常高；在东部沿海地区，经济发展的活力比较强，非公有制经济的比重可能比其他地区高一些。

随着改革开放的推进，人们逐渐开始关心我们所坚持的基本经济制度与我们所进行的经济体制改革存在怎样的密切联系。经济体制改革是要建立社会主义市场经济体制，基本经济制度是以公有制为主体，那么这两者究竟是如何统一的呢？党的十四大对这一问题进行了深刻的阐述：“经济体制改革的目标，是在坚持公有制和按劳分配为主体、其他经济成分和分配方式为补充的基础上，建立和完善社会主义市场经济体制。”① “社会主义市场经济体制是同社会主义基本制度结合在一起的。在所有制结构上，以公有制包括全民所有制和集体所有制经济为主体，个体经济、私营经济、外资经济为补充，多种经济成分长期共同发展，不同经济成分还可以自愿实行多种形式的联合经营。国有企业、集体企业和其他企业都进入市场，通过平等竞争发挥国有企业的主导作用。”② 也就是说，经济体制改革是建立在基本经济制度之上的，两者并不矛盾。

如果说党的十四大将非公有制经济定位在“补充”的地位上，那么党的十五大则有了新的突破，将非公有制经济看作社会主义市场经济的“重要组成”。具体而言，党的十五大报告在表述中将非公有制经济纳入了社会主义初级阶段的基本经济制度中，明确指出：“公有制为主体、多种所有制经济共同发展，是我国社会主义初级阶段的一项基本经济制度。”③ 报告还充分肯定了非公有制经济的地位和作用，指出非公有制经济是我国社会主义市场经济的重要组成部分，对个体经济、私营经济等非公有制经济要继续鼓励、支持、引导，使之健康发展，这对满足人们多样化的需要、

① 中共中央文献研究室．十四大以来重要文献选编：上．北京：人民出版社，1996：11.

② 同①19.

③ 中共中央文献研究室．十五大以来重要文献选编：上．北京：人民出版社，2000：20.

增加就业、促进国民经济的发展有重要作用。

党的十六大报告对坚持和完善社会主义基本经济制度做了新的阐述，在党的文献中第一次使用了“两个毫不动摇”的提法：“第一，必须毫不动摇地巩固和发展公有制经济。……第二，必须毫不动摇地鼓励、支持和引导非公有制经济发展。……第三，坚持公有制为主体，促进非公有制经济发展，统一于社会主义现代化建设的进程中，不能把这两者对立起来。”① “两个毫不动摇”是对社会主义基本经济制度理论的丰富和发展，充分说明以公有制为主体、多种所有制经济共同发展是历史的必然选择，也是生产力发展的必然要求，我们一定要客观全面地认识公有制经济和非公有制经济的关系，绝不能将两者割裂开来或对立起来。此外，党的十六大报告在强调“包括知识分子在内的工人阶级，广大农民，始终是推动我国先进生产力发展和社会全面进步的根本力量”的同时，还鲜明指出：“在社会变革中出现的民营科技企业的创业人员和技术人员、受聘于外资企业的管理技术人员、个体户、私营企业主、中介组织的从业人员、自由职业人员等社会阶层，都是中国特色社会主义事业的建设者。”这就充分肯定了公有制经济和非公有制经济从业人员的地位和作用，对于最广泛最充分地调动一切积极因素，团结社会各阶层人员，努力形成全体人民各尽其能、各得其所而又和谐相处的局面，具有积极的意义，这也是坚持“两个毫不动摇”的重要保障。

“两个毫不动摇”提出后，我国的公有制经济和非公有制经济都得到了迅速发展。不仅公有制经济的主体地位进一步增强，而且非公有制经济也呈现出了蓬勃发展的局面。“两个毫不动摇”的提法在此后一直得到了坚持和发展。党的十七大报告重申了“两个毫不动摇”，强调要“毫不动摇地巩固和发展公有制经济，毫不动摇地鼓励、支持、引导非公有制经济发展”。不仅如此，党的十七大报告还就促进各种所有制经济之间的平等竞争提出了明确要求，指出要“坚持平等保护物权，形成各种所有制经济平等竞争、相互促进新格局”，“推进公平准入，改善融资条件，破除体制障碍，促进个体、私营经济和中小企业发展”。这就为非公有制经济平等

① 中共中央文献研究室．十六大以来重要文献选编：上．北京：中央文献出版社，2005：19.

地参与市场竞争、优化非公有制经济营商环境提供了政策上的保障。

党的十八大以来，以习近平同志为核心的党中央坚持和完善以公有制为主体、多种所有制经济共同发展的基本经济制度，推动我国公有制经济和非公有制经济达到新的发展水平。2013 年 11 月 9 日，习近平同志在《关于〈中共中央关于全面深化改革若干重大问题的决定〉的说明》中明确指出："坚持和完善基本经济制度必须坚持'两个毫不动摇'。全会决定从多个层面提出鼓励、支持、引导非公有制经济发展，激发非公有制经济活力和创造力的改革举措。在功能定位上，明确公有制经济和非公有制经济都是社会主义市场经济的重要组成部分，都是我国经济社会发展的重要基础；在产权保护上，明确提出公有制经济财产权不可侵犯，非公有制经济财产权同样不可侵犯；在政策待遇上，强调坚持权利平等、机会平等、规则平等，实行统一的市场准入制度；鼓励非公有制企业参与国有企业改革，鼓励发展非公有资本控股的混合所有制企业，鼓励有条件的私营企业建立现代企业制度。这将推动非公有制经济健康发展。"2015 年 11 月 23 日，习近平同志在主持中共中央政治局第二十八次集体学习时指出，"要坚持和完善社会主义基本经济制度，毫不动摇巩固和发展公有制经济，毫不动摇鼓励、支持、引导非公有制经济发展，推动各种所有制取长补短、相互促进、共同发展，同时公有制主体地位不能动摇，国有经济主导作用不能动摇"。2016 年 3 月 4 日，习近平同志看望出席全国政协十二届四次会议民建、工商联界委员并参加联组讨论时重申了"两个毫不动摇"，并提出了"三个没有变"，即非公有制经济在我国经济社会发展中的地位和作用没有变，我们鼓励、支持、引导非公有制经济发展的方针政策没有变，我们致力于为非公有制经济发展营造良好环境和提供更多机会的方针政策没有变。在此次讨论中，习近平同志还指出："我们强调把公有制经济巩固好、发展好，同鼓励、支持、引导非公有制经济发展不是对立的，而是有机统一的。……公有制经济、非公有制经济应该相辅相成、相得益彰，而不是相互排斥、相互抵消。""我们党在坚持基本经济制度上的观点是明确的、一贯的，而且是不断深化的，从来没有动摇。"公有制经济和非公有制经济都是社会主义市场经济的重要组成部分，都是我国经济社会发展的重要基础；国家保护各种所有制经济产权和合法利益，坚持权利平等、机会平等、规则平等，激发非公有制经济活力和创造力。要健全以公平为核心原则的产权保护制度，加强对各种所有制经济组织和自然人财产权的保护。在全面建成小康社会决胜阶段、中国特色社会主义进入新时代的关键时期，习近平同志在党的十九大报告中从新的战略高度强调了要继续坚持“两个毫不动摇”，即毫不动摇巩固和发展公有制经济，毫不动摇鼓励、支持、引导非公有制经济发展。习近平同志关于社会主义基本经济制度的论述，立足我国国情和发展实践，是习近平新时代中国特色社会主义思想的重要内容，也是对当代马克思主义政治经济学理论的创新与发展，对于我们在新时代毫不动摇坚持我国基本经济制度、推动多种所有制经济健康发展具有根本性的指导意义。

第三节　公有制经济的主体地位

一、以公有制为主体的原因

以公有制为主体，从根本上来说，是由我国的社会主义性质决定的。生产资料所有制是生产关系的基础，不同的生产资料所有制决定人们在生产中的地位及其相互关系。一种社会经济制度与其他社会经济制度的根本区别，就在于这种社会经济制度的生产资料所有制的性质以及与之相联系的生产资料与劳动者相互结合的方式。在社会主义社会，劳动者共同占有生产资料，因此，生产资料公有制以及与之相应的劳动者，作为生产资料的主人而与生产资料直接结合的方式，成为社会主义社会区别于封建社会、资本主义社会等社会的根本标志。可见，社会主义制度是建立在生产资料公有制基础上的，公有制是社会主义的本质特征之一。我国是社会主义国家，这一性质决定了我们必须坚持以公有制为主体。没有公有制就没有社会主义，否定公有制就是否定社会主义。在公有制基础上，劳动者在生产资料占有关系上处于平等的地位，由此决定了社会主义劳动者之间相互合作、互助互利的关系，相应的，全社会的劳动成果也必然在全体社会成员之间公平地分配、交换。可见，实行生产资料公有制，有利于实现社会主义生产，消灭剥削，消除两极分化，并最终实现共产主义。

以公有制为主体，是适应社会化大生产的必然要求。社会主义生产是社会化大生产，这种社会化大生产以机器大工业为主要特征，是由社会分工和协作联系起来的大规模的社会生产①。社会化大生产要求生产资料由社会上的劳动者共同使用，同时生产过程由以往的单个、孤立的个人劳动变为相互联系的社会化生产过程，而劳动成果也由个人劳动的成果变为社会劳动者共同劳动的成果。历史上，社会化大生产是伴随着资本主义生产方式而出现的。但是，随着社会化大生产的不断发展，资本主义生产资料私有制与社会化大生产之间的矛盾越来越突出，并引发了资本主义的经济危机。在社会主义制度下，由于实行生产资料公有制，人们的利益是一致的，可以在共同利益的基础上相互配合、相互支持、共同管理，大规模地实行劳动协作，因而能很好地适应并促进社会化大生产的发展。

二、社会主义初级阶段公有制主体地位的实现形式

新中国成立后，我们对公有制主体地位实现形式的认识经历了一个变化的过程。在高度集中的计划经济时期，我们曾经将“一大二公”看作社会主义的本质特征，认为“一大二公”体现了人民公社的优越性，体现了社会主义制度在生产关系上的优越性，甚至把“一大二公”当作提前建成社会主义并逐步向共产主义过渡的最好组织形式。结果这些错误认识给社会主义实践带来了很多不利后果，直到党的十一届三中全会之后，这些认识才得以改变。

十一届三中全会以来，我们党认真总结以往在所有制问题上的教训，制定以公有制为主体、多种经济成分共同发展的方针，逐步消除所有制结构不合理对生产力的羁绊，出现了公有制实现形式多样化和多种经济成分共同发展的局面。我们党对公有制经济的认识由此不断深化，不断发展。

党的十三大对公有制经济的多种形式进行了阐述，明确指出，除了全

---

① 翟泰丰. 党的基本路线知识全书. 沈阳：辽宁人民出版社，1994：197.

民所有制、集体所有制以外，还应发展全民所有制和集体所有制联合建立的公有制企业，以及各地区、部门、企业互相参股等形式的公有制企业。也就是说，除了我们之前所熟悉的单一的全民所有制企业和集体所有制企业之外，公有制企业还包括全民所有制和集体所有制联合建立的企业，以及各地区、部门、企业互相参股成立的公有制企业。

党的十五大强调要全面认识公有制经济的含义，并指出，公有制经济不仅包括国有经济和集体经济，还包括混合所有制经济中的国有成分和集体成分。对于公有制主体地位的实现形式，党的十五大报告做出深刻阐释："公有资产在社会总资产中占优势；国有经济控制国民经济命脉，对经济发展起主导作用。这是就全国而言，有的地方、有的产业可以有所差别。公有资产占优势，要有量的优势，更要注重质的提高。国有经济起主导作用，主要体现在控制力上。要从战略上调整国有经济布局。对关系国民经济命脉的重要行业和关键领域，国有经济必须占支配地位。在其他领域，可以通过资产重组和结构调整，以加强重点，提高国有资产的整体质量。只要坚持公有制为主体，国家控制国民经济命脉，国有经济的控制力和竞争力得到增强，在这个前提下，国有经济比重减少一些，不会影响我国的社会主义性质。"① 报告指出，公有制实现形式可以而且应当多样化，一切反映社会化生产规律的经营方式和组织形式都可以大胆利用。要努力寻找能够极大促进生产力发展的公有制实现形式。十五大对股份制进行了探索，认为股份制是现代企业的一种资本组织形式，有利于所有权和经营权的分离，有利于提高企业和资本的运作效率，资本主义可以用，社会主义也可以用。不能笼统地说股份制是公有还是私有，关键看控股权掌握在谁手中。国家和集体控股，具有明显的公有性，有利于扩大公有资本的支配范围，增强公有制的主体作用。十五大肯定了当时城乡大量出现的多种多样的股份合作制经济，认为股份合作制经济是改革中的新事物，要支持和引导，不断总结经验，使之逐步完善。对于劳动者的劳动联合和劳动者的资本联合为主的集体经济，十五大强调对其要予以提倡和鼓励。

在全面正确理解公有制主体地位的实现形式的基础上，如何深化国有

---

① 中共中央文献研究室．十五大以来重要文献选编：上．北京：人民出版社，2000：21.

资产管理体制改革成为增强公有制主体地位面临的重要课题。在长期的计划经济体制下，国有资产的所有权、占有权、支配权和使用权都掌握在国家手中，由政府进行高度集中的管理，这也是与计划经济体制相适应的资产管理体制，其结果必然导致国有资产运营的低效率。随着社会主义市场经济体制的逐步建立，国有资产管理体制也必然要进行相应的改革，这是提高国有资产运营效率、确保国有资本保值增值的必然要求，也是更好坚持公有制主体地位、推动公有制经济以多种形式实现的迫切需要。为此，党的十六大重点论述了国有资产管理体制改革问题，强调继续调整国有经济的布局和结构、改革国有资产管理体制是深化经济体制改革的重大任务。在坚持国家所有的前提下，十六大提出要从中央和地方两个层面入手，推动国有资产管理体制改革。“国家要制定法律法规，建立中央政府和地方政府分别代表国家履行出资人职责，享有所有者权益，权利、义务和责任相统一，管资产和管人、管事相结合的国有资产管理体制。关系国民经济命脉和国家安全的大型国有企业、基础设施和重要自然资源等，由中央政府代表国家履行出资人职责。其他国有资产由地方政府代表国家履行出资人职责。”① 十六大还研究了国有企业改革问题，强调国有企业是我国国民经济的支柱，要深化国有企业改革，进一步探索公有制特别是国有制的多种有效实现形式，大力推进企业的体制、技术和管理创新。十六大确定的国有企业改革思路要体现为三个关键词：混合所有制、公司制、竞争机制。“混合所有制”，就是除极少数必须由国家独资经营的企业外，其他企业积极推行股份制，发展混合所有制经济；实行投资主体多元化，重要的企业由国家控股。“公司制”，就是按照现代企业制度的要求，国有大中型企业继续实行规范的公司制改革，完善法人治理结构。“竞争机制”，就是推进垄断行业改革，积极引入竞争机制；通过市场和政策引导，发展具有国际竞争力的大公司大企业集团，进一步放开搞活国有中小企业。对于集体企业改革，十六大明确指出将继续支持和帮助多种形式的集体经济的发展②。

① 中共中央文献研究室. 十六大以来重要文献选编：上. 北京：中央文献出版社，2005：19-20.

② 同①20.

为适应经济不断市场化发展的趋势，进一步增强公有制经济的活力，党的十六届三中全会强调要大力发展国有资本、集体资本和非公有资本等参股的混合所有制经济，实现投资主体多元化，使股份制成为公有制的主要实现形式。这就充分肯定了股份制在吸引更多社会资本、扩大国有资本支配范围、转换国有企业经营机制、搞活国有经济等方面所具有的重要地位和作用，也有力地回应了社会上对股份制的各种质疑。党的十六届三中全会通过的《中共中央关于完善社会主义市场经济体制若干问题的决定》还就如何加快调整国有经济布局和结构提出了要求，主要包括五个方面：(1）需要由国有资本控股的企业，应区别不同情况实行绝对控股或相对控股。(2）完善国有资本有进有退、合理流动的机制，进一步推动国有资本更多地投向关系国家安全和国民经济命脉的重要行业和关键领域，增强国有经济的控制力。(3）其他行业和领域的国有企业，通过资产重组和结构调整，在市场公平竞争中优胜劣汰。(4）发展具有国际竞争力的大公司大企业集团，继续放开搞活国有中小企业。(5）以明晰产权为重点深化集体企业改革，发展多种形式的集体经济。在完善国有资产管理体制、深化国有企业改革方面，该决定提出要建立健全国有资产管理和监督体制，完善公司法人治理结构，加快推进和完善垄断行业改革。

以公有制为主体的现代企业制度是社会主义市场经济体制的基础，也是国有企业改革的方向。党的十七大对深化国有企业公司制股份制改革提出了要求，指出要健全现代企业制度，优化国有经济布局和结构，增强国有经济活力、控制力、影响力。十七大还从资本和人事两个方面对国有企业改革进行了探索。资本方面就是加强建设国有资本经营预算制度，完善各类国有资产管理体制和制度；人事方面就是推进国有企业人事制度改革，完善适合国有企业特点的领导人员管理办法。

党的十八大以来，我们毫不动摇巩固和发展公有制经济，推行公有制多种实现形式，推动国有资本更多投入关系国家安全和国民经济命脉的重要行业和关键领域，不断增强国有经济活力、控制力、影响力。党的十八届三中全会通过的《中共中央关于全面深化改革若干重大问题的决定》，就坚持公有制主体地位、发挥国有经济主导作用进行了全面深刻的阐述。(1) 完善产权保护制度，健全归属清晰、权责明确、保护严格、流转顺畅的现代产权制度。(2) 积极发展混合所有制经济，允许更多国有经济和其他所有制经济发展成为混合所有制经济。(3) 推动国有企业完善现代企业制度，以规范经营决策、资产保值增值、公平参与竞争、提高企业效率、增强企业活力、承担社会责任为重点，进一步深化国有企业改革。

"公有制主体地位不能动摇，国有经济主导作用不能动摇，这是保证我国各族人民共享发展成果的制度性保证，也是巩固党的执政地位、坚持我国社会主义制度的重要保证。"① 2015 年 11 月 23 日，中共中央政治局就马克思主义政治经济学基本原理和方法论进行第二十八次集体学习，习近平同志做重要讲话，深入阐述了坚持公有制经济主体地位的重要性，对改革开放以来我国公有制经济发展进行了深刻总结，为新时代坚持和完善社会主义基本经济制度提供了指南。

从统计数据来看，我国国有企业经营状况良好。2016 年末，国有企业资产总额 1 317 174.5 亿元，同比增长 9.7%。其中，中央企业资产总额 694 788.7 亿元，同比增长 7.7%；地方国有企业资产总额 622 385.8 亿元，同比增长 12%。全年国有企业营业总收入 458 978 亿元，同比增长 2.6%。其中，中央企业 276 783.6 亿元，同比增长 2%；地方国有企业 182 194.4 亿元，同比增长 3.5%。全年国有企业利润总额 23 157.8 亿元，同比增长 1.7%。其中，中央企业 15 259.1 亿元，同比下降 4.7%；地方国有企业 7 898.7 亿元，同比增长 16.9%②。如表 2-1、表 2-2 所示，在工业领域，2016 年我国国有控股工业企业总资产近 42 万亿元，是 1998 年的 5.6 倍；利润总额达 1.2 万亿元，是 1998 年的 23.5 倍③。这充分说明我国国有企业不断做大做强，不仅实现了保值增值，而且成为社会主义经济的重要支柱。

---

① 习近平．立足我国国情和我国发展实践　发展当代中国马克思主义政治经济学．新华网，2015-11-24.

② 2016 年 1—12 月全国国有及国有控股企业经济运行情况．国务院国资委网，2017-01-26.

③ 国家统计局．中国统计年鉴（2017）．北京：中国统计出版社，2017.

表 2－1　　按行业分国有控股工业企业主要指标（2016 年）

行业	企业单位数（个）	资产总计（亿元）	利润总额（亿元）	平均用工人数（万人）
总计	19 022	417 704.16	12 324.34	1 695.93
煤炭开采和洗选业	872	39 993.09	408.41	294.28
石油和天然气开采业	83	18 895.02	－751.32	68.46
黑色金属矿采选业	129	5 111.16	－28.11	14.37
有色金属矿采选业	251	2 904.92	124.93	17.76
非金属矿采选业	197	1 141.78	42.80	7.82
开采辅助活动	39	2 433.28	－85.87	26.43
农副食品加工业	681	2 575.35	96.91	18.69
食品制造业	312	1 138.82	91.70	13.38
酒、饮料和精制茶制造业	289	4 465.66	490.20	25.11
烟草制品业	101	10 125.86	1 019.68	20.77
纺织业	186	1 238.25	25.95	15.24
纺织服装、服饰业	163	275.48	11.02	8.89
皮革、毛皮、羽毛及其制品和制鞋业	30	75.34	5.52	2.04
木材加工和木、竹、藤、棕、草制品业	95	276.61	6.02	3.70
家具制造业	15	125.60	20.12	0.64
造纸和纸制品业	96	1 746.65	35.36	6.78
印刷和记录媒介复制业	284	739.52	42.61	8.88
文教、工美、体育和娱乐用品制造业	87	317.51	33.78	2.15
石油加工、炼焦和核燃料加工业	221	13 452.09	1 156.24	42.97
化学原料和化学制品制造业	1 172	21 469.86	253.26	83.98
医药制造业	431	4 493.22	330.41	30.06
化学纤维制造业	43	922.77	52.81	6.36
橡胶和塑料制品业	259	1 373.19	25.71	12.79
非金属矿物制品业	1 550	9 273.03	330.45	49.37
黑色金属冶炼和压延加工业	379	33 719.50	－75.37	106.20

续前表

行业	企业单位数（个）	资产总计（亿元）	利润总额（亿元）	平均用工人数（万人）
有色金属冶炼和压延加工业	498	14 362.20	135.30	51.87
金属制品业	468	2 936.47	69.21	22.35
通用设备制造业	722	9 300.69	168.97	53.18
专用设备制造业	707	8 926.33	−94.05	47.55
汽车制造业	762	31 987.69	3 219.42	122.04
铁路、船舶、航空航天和其他运输设备制造业	522	12 915.05	313.92	68.67
电气机械和器材制造业	604	8 691.68	437.61	38.98
计算机、通信和其他电子设备制造业	619	13 488.57	511.42	74.75
仪器仪表制造业	236	1 413.38	61.59	9.50
其他制造业	67	976.95	34.46	6.50
废弃资源综合利用业	57	200.72	2.29	0.91
金属制品、机械和设备修理业	85	1 690.64	−24.09	8.87
电力、热力生产和供应业	4 255	118 654.85	3 493.08	254.13
燃气生产和供应业	417	4 302.26	222.08	13.52
水的生产和供应业	1 037	9 570.63	109.74	35.99

资料来源：国家统计局．中国统计年鉴（2017）．北京：中国统计出版社，2017．

表 2－2　近年来国有控股工业企业主要指标

年份	企业单位数（个）	资产总计（亿元）	利润总额（亿元）	平均用工人数（万人）
1998	64 737	74 916.27	525.14	3 747.78
2000	53 489	84 014.94	2 408.33	2 995.25
2005	27 477	117 629.61	6 519.75	1 874.85
2006	24 961	135 153.35	8 485.46	
2007	20 680	158 187.87	10 795.19	1 742.99
2008	21 313	188 811.37	9 063.59	1 794.10
2009	20 510	215 742.01	928 7.03	1 803.37
2010	20 253	247 759.86	14 737.65	1 836.34
2011	17 052	281 673.87	16 457.57	1 811.98
2012	17 851	312 094.37	15 175.99	1 892.77

续前表

年份	企业单位数（个）	资产总计（亿元）	利润总额（亿元）	平均用工人数（万人）
2013	18 574	343 985.88	15 917.68	1 889.49
2014	18 808	371 308.84	14 508.02	1 842.67
2015	19 273	397 403.65	11 416.72	1 777.83
2016	19 022	417 704.16	12 324.34	1 695.93

资料来源：国家统计局．中国统计年鉴（2017）．北京：中国统计出版社，2017.

第四节 非公有制经济的发展

一、非公有制经济的形式

非公有制经济是我国各种社会经济成分中公有制经济以外的其他经济成分。在我国现阶段，非公有制经济主要包括个体经济、私营经济以及外资经济等。改革开放以来，我国非公有制经济从小到大、从弱到强，从“公有制经济的必要补充”到“社会主义市场经济的重要组成部分”，非公有制经济的地位不断提高，在繁荣城乡经济、增加财政收入、扩大社会就业、改善人民生活、优化经济结构、促进经济发展等方面发挥了重要作用。可以说，积极发展非公有制经济，对于全面建成小康社会和加快社会主义现代化进程具有重大的战略意义。

个体经济即个体所有制经济，是生产资料归劳动者个人所有，并由劳动者工人及其家庭成员支配劳动成果的一种所有制形式。个体经济的劳动者和所有者是同一的，即从事生产经营活动的劳动者也是生产资料的所有者，劳动者主要依靠自己的劳动获得收入，因此，个体经济不属于剥削经济。个体经济的特点是规模较小、经营分散、方便灵活，广泛存在于城乡手工业、农业、商业、交通运输业、餐饮业以及其他各种服务业中。改革开放以来，我国个体经济的经营发展环境日益宽松。1987 年，国务院颁布的《城乡个体工商户管理暂行条例》规定：有经营能力的城镇待业人员、农村村民以及国家政策允许的其他人员，可以申请从事个体工商业经营，依法经核准登记后为个体工商户；个体工商户可以在国家法律和政策允许的范围内，经营工业、手工业、建筑业、交通运输业、商业、饮食业、服务业、修理业及其他行业；个体工商户可以根据经营情况请一二个帮手，有技术的个体工商户可以带三五个学徒；个体工商户的合法权益受国家法律保护，任何单位和个人不得侵害。2011 年，国务院颁布《个体工商户条例》（2016 年修订），放宽了个体工商户的经营范围限制，明确规定国家对个体工商户实行市场平等准入、公平待遇的原则。新的条例取消了关于帮手、学徒数量的限制，并规定地方政府、个体劳动者协会要为个体工商户提供必要的服务。在政策的支持下，我国个体经济发展迅速。1978 年，我国个体工商户的数量是 14 万①，到了 2016 年底，个体工商户达到 5 930 万户，就业人数达 1.28 亿，其中城镇个体就业人数为 0.86 亿，乡村个体就业人数为 0.42 亿②。从地区分布来看，主要集中在广东、山东、江苏、浙江等经济相对发达地区以及四川、河南等人口大省（见表 2－3）。

表 2－3　　我国个体就业人数（2016 年底）

地区	个体户数（万户）	个体就业人数（万人）	城镇个体就业人数（万人）	乡村个体就业人数（万人）
全国	5 930.0	12 862.0	8 627.0	4 235.0
广东	541.2	1 281.2	986.5	294.7
山东	501.8	1 074.4	433.7	640.7
江苏	438.8	801.9	616.3	185.6
浙江	352.6	800.3	519.6	280.7
四川	314.7	588.9	409.9	178.9
河南	307.4	645.4	523.6	121.8

资料来源：国家统计局．中国统计年鉴（2017）．北京：中国统计出版社，2017.

私营经济是生产资料归私人所有、存在雇佣劳动关系的一种所有制形式。私营经济存在雇佣劳动关系，因而存在剥削。从性质上看，私营经济是存在剥削关系的资本主义性质的经济，但我国的私营经济同资本主义社会的私有制经济存在明显区别。我国的私营经济是受公有制主体地位制约和影响的，并不是在我国占主导地位的经济成分，而资本主义社会的私有

① 工商局回应个体工商户减少质疑：向好方向发展．人民网，2012-08-28.

② 国家统计局．中国统计年鉴（2017）．北京：中国统计出版社，2017.

制经济是资本主义社会根本性的经济成分。与个体经济相比，私营经济一般比个体经济的生产资金更多、经营规模更大、技术力量更强。1987 年党的十三大首次提出“私营经济”的概念，指出“以公有制为主体发展多种所有制经济，以至允许私营经济的存在和发展，都是由社会主义初级阶段生产力的实际状况所决定的”，“私营经济是存在雇佣劳动关系的经济成分”①。1988 年国务院颁布的《私营企业暂行条例》将私营企业定义为“企业资产属于私人所有、雇工八人以上的营利性的经济组织”。2011 年国家统计局、国家工商行政管理总局颁布《关于划分企业登记注册类型的规定调整的通知》，《关于划分企业登记注册类型的规定》将私营企业定义为“由自然人投资设立或由自然人控股，以雇佣劳动为基础的营利性经济组织”，包括按照《公司法》《合伙企业法》《私营企业暂行条例》规定登记注册的私营有限责任公司、私营股份有限公司、私营合伙企业和私营独资企业。如表 2-4 所示，截至 2016 年底，全国私营企业数达 2 309.2 万，私营企业就业人数近 1.80 亿，其中城镇私营企业就业人数为 1.21 亿，乡村私营企业就业人数为 0.59 亿。从地区分布看，主要集中在广东、江苏、山东、浙江、上海、北京等经济相对发达地区。如表 2-5 所示，从经营状况来看，以私营工业企业为例，2016 年私营工业企业总资产近 24 万亿元，利润总额达 2.55 万亿元②。

表 2-4　　我国私营企业就业人数（2016 年底）

地区	私营企业数（万户）	私营企业就业人数（万人）	城镇私营企业就业人数（万人）	乡村私营企业就业人数（万人）
全国	2 309.2	17 997.1	12 083.4	5 913.7
广东	317.2	2 356.6	2 084.8	271.8
江苏	222.9	2 312.2	1 680.2	632.0
山东	174.9	1 298.2	481.7	816.5
浙江	152.1	1 765.4	1 086.3	679.1
上海	149.0	1 139.0	604.0	535.0
北京	121.0	951.3	633.8	317.5

资料来源：国家统计局. 中国统计年鉴（2017）. 北京：中国统计出版社，2017.

① 中共中央文献研究室. 十三大以来重要文献选编：上. 北京：人民出版社，1991：25-26，32.

② 国家统计局. 中国统计年鉴（2017）. 北京：中国统计出版社，2017.

表 2-5　　按行业分私营工业企业主要指标（2016 年）

行业	企业单位数（个）	资产总计（亿元）	利润总额（亿元）	平均用工人数（万人）
总计	214 309	239 542.71	25 494.90	3 397.76
煤炭开采和洗选业	2 621	4 867.19	330.09	49.84
石油和天然气开采业	8	21.00	1.84	0.26
黑色金属矿采选业	1 205	2 938.69	289.25	20.60
有色金属矿采选业	763	1 247.81	135.99	13.38
非金属矿采选业	2 311	1 566.80	230.97	25.37
开采辅助活动	43	70.30	4.93	0.71
其他采矿业	16	11.38	1.01	0.21
农副食品加工业	16 165	14 250.28	1 874.81	214.12
食品制造业	4 860	4 315.90	584.54	83.34
酒、饮料和精制茶制造业	3 779	3 462.39	498.91	53.91
烟草制品业	5	20.03	5.46	0.09
纺织业	13 614	11 498.94	1 304.55	230.55
纺织服装、服饰业	8 922	5 404.23	667.26	188.32
皮革、毛皮、羽毛及其制品和制鞋业	5 207	2 819.82	437.15	107.42
木材加工和木、竹、藤、棕、草制品业	6 689	3 844.54	638.11	93.85
家具制造业	3 665	2 614.32	315.91	61.02
造纸和纸制品业	3 939	3 365.82	333.62	56.47
印刷和记录媒介复制业	3 239	2 285.53	273.63	42.82
文教、工美、体育和娱乐用品制造业	5 214	3 909.76	523.55	92.79
石油加工、炼焦和核燃料加工业	933	5 631.06	240.73	19.65
化学原料和化学制品制造业	13 377	18 962.82	2 169.70	190.45
医药制造业	3 308	5 597.58	649.99	62.51
化学纤维制造业	1 260	2 192.12	143.81	18.51
橡胶和塑料制品业	10 631	9 435.89	1 086.67	146.39
非金属矿物制品业	20 883	19 728.97	2 188.25	294.75
黑色金属冶炼和压延加工业	5 503	13 197.46	1 066.31	118.35

续前表

行业	企业单位数（个）	资产总计（亿元）	利润总额（亿元）	平均用工人数（万人）
有色金属冶炼和压延加工业	4 019	8 966.35	822.02	66.58
金属制品业	12 774	12 266.78	1 405.35	179.38
通用设备制造业	14 106	12 945.24	1 403.55	187.50
专用设备制造业	9 957	11 918.34	1 159.61	143.63
汽车制造业	7 328	9 898.88	933.03	130.49
铁路、船舶、航空航天和其他运输设备制造业	2 629	4 105.67	405.61	54.24
电气机械和器材制造业	13 086	17 201.35	1 746.20	219.01
计算机、通信和其他电子设备制造业	6 493	10 204.25	966.29	153.72
仪器仪表制造业	2 059	2 504.39	304.91	34.33
其他制造业	1 056	585.97	75.76	16.65
废弃资源综合利用业	865	932.62	109.54	8.57
金属制品、机械和设备修理业	132	128.27	7.00	3.52
电力、热力生产和供应业	1 121	3 777.95	119.50	9.72
燃气生产和供应业	326	521.94	27.39	2.77
水的生产和供应业	198	324.10	12.12	1.94

资料来源：国家统计局. 中国统计年鉴（2017）. 北京：中国统计出版社，2017.

外资经济，是我国发展对外经济关系，吸引外资建立起来的所有制形式。它包括合资经营企业、合作经营企业中的境外资本部分，以及独资企业。其中，独资企业是指依照《中华人民共和国外资企业法》及有关法律的规定，在我国境内由境外投资者全额投资设立的企业；合资经营企业是指依照《中华人民共和国中外合资经营企业法》及有关法律的规定，境外投资者和我国境内企业按合同规定的比例投资设立、分享利润和分担风险的企业；合作经营企业是指依照《中华人民共和国中外合作经营企业法》及有关法律的规定，境外投资者和我国境内企业依照合作合同的约定进行投资或提供条件设立、分配利润和分担风险的企业。从投资规模来看，1979—2016 年我国累计实际利用外商直接投资 1.77 万亿美元，有力地弥补了我国建设资金的不足。从就业人数来看，2016 年我国外商投资企业共 505 151 户，投资总额为 51 240 亿美元（见表 2－6），就业人数为 1 361 万；港澳台商投资企业就业人数为 1 305 万①。外资企业在促进就业、培养技术人才和熟练工人方面发挥了重要作用。

表 2－6 我国外商投资企业注册登记情况（2016 年）

地区	企业数（户）	投资总额（亿美元）	注册资本（亿美元）	外方
全国	505 151	51 240	31 243	23 918
北京	30 401	4 274	2 755	1 895
江苏	55 938	8 799	4 718	3 952
广东	119 688	7 816	5 086	3 728
上海	79 410	7 342	5 087	3 922
浙江	34 442	3 199	1 921	1 519
山东	28 527	2 519	1 476	1 152

资料来源：国家统计局. 中国统计年鉴（2017）. 北京：中国统计出版社，2017.

二、促进非公有制经济健康发展

改革开放以来，我们对非公有制经济的认识不断深化，党和政府对非公有制经济的发展也采取了一系列鼓励、支持、引导的政策和措施，特别是在放宽非公有制经济市场准入、加大对非公有制经济的财税金融支持、完善对非公有制经济的社会服务、维护非公有制企业和职工的合法权益、引导非公有制企业提高自身素质、改进政府对非公有制企业的监管、加强对发展非公有制经济的指导和政策协调等方面取得了显著的进展，为非公有制经济的发展提供了有利的条件。党的十八大以来，我国推出了一大批扩大非公有制企业市场准入、平等发展的改革举措，形成了鼓励、支持、引导非公有制经济发展的政策体系，非公有制经济发展面临前所未有的良好政策环境和社会氛围。

当前，我们要充分发挥非公有制经济在支撑增长、促进创新、扩大就业、增加税收等方面的重要作用，推动非公有制经济健康发展。首先，要促进非公有制经济人士健康成长。2015 年 5 月，习近平同志在中央统战工

① 国家统计局. 中国统计年鉴（2017）. 北京：中国统计出版社，2017.

作会议上发表重要讲话，强调促进非公有制经济健康发展和非公有制经济人士健康成长，要坚持团结、服务、引导、教育的方针，一手抓鼓励支持，一手抓教育引导，关注他们的思想，关注他们的困难，有针对性地进行帮助引导，引导非公有制经济人士特别是年青一代致富思源、富而思进，做到爱国、敬业、创新、守法、诚信、贡献。2016 年 3 月 4 日，习近平同志看望参加全国政协十二届四次会议民建、工商联界委员联组会并参加联组讨论时指出，非公有制经济要健康发展，前提是非公有制经济人士要健康成长。广大非公有制经济人士要加强自我学习、自我教育、自我提升，十分珍视和维护好自身社会形象。要深入开展以“守法诚信、坚定信心”为重点的理想信念教育实践活动，积极践行社会主义核心价值观，做爱国敬业、守法经营、创业创新、回报社会的典范，在推动实现中华民族伟大复兴中国梦的实践中谱写人生事业的华彩篇章。广大民营企业要积极投身光彩事业和公益慈善事业，致富思源，义利兼顾，自觉履行社会责任，广大非公有制经济人士要准确把握我国经济发展大势，提升自身综合素质，完善企业经营管理制度，激发企业家精神，发挥企业家才能，增强企业内在活力和创造力，推动企业不断取得更新更好发展。其次，要构建“亲”“清”的新型政商关系。习近平同志指出：“新型政商关系，概括起来说就是‘亲’、‘清’两个字。对领导干部而言，所谓‘亲’，就是要坦荡真诚同民营企业接触交往，特别是在民营企业遇到困难和问题情况下更要积极作为、靠前服务，对非公有制经济人士多关注、多谈心、多引导，帮助解决实际困难。所谓‘清’，就是同民营企业家的关系要清白、纯洁，不能有贪心私心，不能以权谋私，不能搞权钱交易。对民营企业家而言，所谓‘亲’，就是积极主动同各级党委和政府及部门多沟通多交流，讲真话，说实情，建诤言，满腔热情支持地方发展。所谓‘清’，就是要洁身自好、走正道，做到遵纪守法办企业、光明正大搞经营。”① 最后，要重点解决好非公有制经济在生产经营过程中面临的难题。要着力解决中小企业融资难问题，为中小企业融资提供可靠、高效、便捷的服务；要着力放开

① 习近平在看望参加政协会议的民建工商联委员时强调　毫不动摇坚持我国基本经济制度　推动各种所有制经济健康发展. 中国政府网，2016-03-04.

市场准入，凡是法律法规未明确禁入的行业和领域都应该鼓励民间资本进入，凡是我国政府已向外资开放或承诺开放的领域都应该向国内民间资本开放；要着力加快公共服务体系建设，支持建立面向民营企业的共性技术服务平台，积极发展技术市场，为民营企业自主创新提供技术支持和专业化服务；要着力引导民营企业利用产权市场组合民间资本，培育一批特色突出、市场竞争力强的大企业集团；要进一步清理、精简涉及民间投资管理的行政审批事项和涉企收费，规范中间环节、中介组织行为，减轻企业负担，降低企业成本。总之，我们要坚持“两个毫不动摇”，积极引导广大非公有制经济人士做合格的中国特色社会主义事业建设者，不断推动非公有制经济在社会主义经济建设中发挥积极作用。

第三章　社会主义市场经济体制的建立与完善

经济体制改革是全面深化改革的重点，核心问题是处理好政府和市场的关系，使市场在资源配置中起决定性作用和更好发挥政府作用。改革开放以来，我国建立了社会主义市场经济体制，使社会主义经济充满了生机与活力。进入新时代，必须坚持社会主义市场经济体制改革方向，加快完善社会主义市场经济体制，促进经济社会持续健康发展。

第一节　计划经济与市场经济

经济体制即国民经济的管理体制，是国民经济的管理制度和管理方法，反映了建立在一定经济制度基础上的各种具体的经济关系。计划经济与市场经济是人类历史上两种不同的资源配置方式，在不同历史时期，这两种资源配置方式都发挥着自身特有的作用，并有其显著的特点。

一、计划经济

计划经济是“人类有意识地自觉地在全社会范围内控制、管理、安排国民经济活动的一种经济运行方式和管理方式”①。它的显著特点就是高度集中，简单地说，就是一切经济活动都由国家和政府自上而下地安排。

计划包括指令性计划和指导性计划两种方式。指令性计划是“国家以行政方式、手段对国民经济和社会发展的主要活动所下达的具有约束力的各项计划”②，它具有强制性和直接性两大特点。指导性计划是“国家对国民经济和社会发展的主要活动所制定的不具有行政指令性，而仅具有指导性的计划”③，指导性计划不具有强制性，一般是通过经济政策、经济杠杆等间接方式引导企业实现政府的计划安排。

作为高度集中的经济体制，计划经济体制的优点是可以集中力量办大事。因此，计划经济在新中国成立之初发挥了很大作用，比如推动了国民经济的迅速恢复、实现工业化积累等。计划经济之所以在当时能够发挥很大作用，主要有以下几方面原因：一是我们建立了社会主义制度。新中国成立初期我们对农业、手工业和资本主义工商业进行了社会主义改造，将生产资料私有制转变为生产资料公有制，社会主义制度在我国基本建立起来，由此我们可以在公有制经济的基础上对国民经济进行统一的计划性安排。二是我们急需尽快恢复国民经济。近代以来我国一直处于落后挨打的境地，新中国成立后面对百废俱兴的局面，我们迫切需要收拾烂摊子，尽快把经济建设搞上去，特别是要建立独立的工业体系和国民经济体系。在这样的背景下，我们在全国范围内调动一切可以调动的资源和力量，按照国家制订的计划进行生产、分配、交换和消费，因此能较快地实现计划目标。

但是，计划经济的弊端也是显而易见的。一是计划经济配置资源是低效率的。在计划经济体制下，经济资源的配置都是由政府安排的。但是，国民经济各个环节错综复杂，经济信息瞬息万变，政府很难全面掌握所有微观的经济活动和经济状况，再加上决策人员主观因素（包括对经济知识的理解、对经济形势的判断等）的影响，政府对企业、消费者等微观经济主体所做出的决策往往不是最优的，所发布的计划经常与实际经济需求相

---

① 刘树成．现代经济辞典．南京：凤凰出版社，2005：485．

② 同①1220．

③ 同①1219．

脱节，因此这样的计划所带来的资源配置往往是低效的，甚至是无效的，进而造成资源的浪费和经济效率的低水平。二是计划经济不利于发挥积极性。在计划经济体制下，企业的一切生产经营活动都是由政府说了算，生产什么、怎么样生产等等完全按照政府制订的计划执行，职工的工资和企业的生产经营状况并没有太多直接联系，“干多干少一个样，干好干坏一个样”，这种大锅饭式的平均主义很难调动职工的生产积极性和主动性，因而也会影响整个国民经济的活力。三是计划经济难以满足人们多样化的需求。每个人的特性和爱好是存在差异的，因而全国数亿人的需求也必然会千差万别。这些不同的需求能否得到满足或者在多大程度上能得到满足，关键看社会上生产和分配的产品是否匹配。在计划经济体制下，生产和分配都是由政府统一安排的，产品的款式、风格等都是极为有限甚至单一的，因而也就很难精确地满足人们个性化、多样化的需求。

二、市场经济

市场经济是“以市场为基本联结方式，即以商品等价交换关系为基础的经济运行方式和管理方式，特别是资源配置方式”，“它依靠价值规律，通过市场机制自发调节国民经济活动”①。

在市场经济中，市场的调节作用主要体现在以下三个方面：一是调节商品的价格。在供求机制、竞争机制、利率机制等的作用下，商品价格的高低、波动由市场决定，而不是由政府决定。二是调节商品的供给。市场经济中的商品生产者拥有自主生产、经营、销售的权利，生产什么、为谁生产、怎么样生产都由生产者根据市场的需要自主安排和决定。三是调节商品的需求。消费者可以根据市场上已有商品的种类、特色和价格等因素决定自己的购买需求，包括需求的方向和规模，同时也可以自主向市场反映自己潜在的需要。在供求信息的相互交流和反馈下，生产者和消费者之间建立了联系，产品的供给和需求能够更有效地进行匹配，从而也就更为真实地反映市场的状况，与此同时，生产要素可以根据供求信息在各个部门间得到有效配置。

---

① 刘树成. 现代经济辞典. 南京：凤凰出版社，2005：935.

从市场的调节作用我们可以看出，市场经济的最大优点就是能通过价格的变化及时准确了解市场供求信息的变化。生产者可以据此及时调整自己的生产经营计划，需求者也可以据此灵活调整自己的需求方案。在市场经济作用下，供求双方都有了自主权并可以及时获知市场上的有效信息，因此，生产者从事生产经营的积极性有了很大的提高，并会在价值规律的作用下积极改进生产技术，改善经营管理，需求者个性化、多样化的需求也更容易得到满足。

我国是社会主义社会，同样要实行市场经济，也就是社会主义市场经济。社会主义市场经济是社会主义基本制度同市场经济的有机结合，它要使市场在社会主义国家宏观调控下对资源配置起决定性作用。我国实行社会主义市场经济有其客观必然性。

首先，这是发展社会主义生产力的必然要求。我国最大的国情是现在处于并将长期处于社会主义初级阶段。在社会主义初级阶段，我国的生产力发展水平还比较落后，人民生活水平还不高，这就迫切需要采用一种合理的资源配置方式，尽快满足生产力发展的需要。新中国成立后30年的实践证明，计划经济虽然在一定时间、一定阶段促进了生产力的发展，但是从总体上看存在很多难以克服的不足，已不适应我国生产力发展的需要，甚至成为解放生产力和发展生产力的束缚。市场经济能够使资源得到最大程度的优化配置，并充分调动各方面的积极性，因而是发展社会主义生产力的必然选择。改革开放以来的实践证明，凡是市场机制发挥作用比较充分的地方，生产力发展水平就比较高，经济活力就比较强，人民生活也就得到明显的改善。

其次，这是发展社会主义商品经济的必然要求。商品经济是与自然经济相对的一种经济形态，商品经济以交换为直接目的，通过商品生产和商品交换来实现人们之间的经济联系。在商品经济形态下，生产不是为了简单地满足生产者自己的需要，而是通过交换满足社会的需要。商品经济形态得以维系的重要条件是充分发挥价值规律的作用，使各种商品通过市场实行等价交换，也就是说，商品经济离不开市场和价值规律。社会主义经济是商品经济，不同所有制企业之间、不同地区之间、不同生产部门之间都存在商品交换关系。为提高社会主义商品生产和商品交换的效率，最大限度地发挥价值规律对商品生产和商品交换的调节作用，就必须实行市场经济，由市场自主形成价格、自主配置资源。

最后，这是发展开放型经济的必然要求。当今世界是一个相互联结、相互作用的有机整体，各国经济不再是孤立的个体，而是通过世界市场紧密联系在一起，形成了开放型经济。在开放型经济中，各国的要素、产品和服务可以自由流通（尽管还存在各种形式的贸易壁垒），从而在世界范围内实现资源的最优配置。中国经济是世界经济不可或缺的一部分，在开放型的世界经济中，中国经济也必然且必须具有开放型特征。特别是在经济全球化背景下，中国必须大力发展开放型经济，才能更好地融入世界经济中。而在开放型经济中，只有建立市场经济，才能实现资源的自由流动，才能搞活国内市场、联结国际市场，才能在激烈的国际竞争中更好地发挥自身的比较优势，从而立于不败之地。

社会主义市场经济既有一般市场经济的基本特征，比如要遵循价值规律的作用、市场在资源配置中起决定性作用、企业具有经营自主权等。同时，也有社会主义的制度特征，主要有三个方面：一是坚持以公有制为主体。坚持公有制的主体地位，是社会主义的本质特征之一。公有制为主体、多种所有制经济共同发展的基本经济制度，是中国特色社会主义制度的重要支柱，也是社会主义市场经济体制的根基。公有制经济和非公有制经济都是社会主义市场经济的重要组成部分，都是我国经济社会发展的重要基础。在改革开放进程中，我们必须毫不动摇巩固和发展公有制经济，毫不动摇鼓励、支持、引导非公有制经济发展。二是以共同富裕为目标。社会主义的本质，是解放生产力，发展生产力，消灭剥削，消除两极分化，最终达到共同富裕。“贫穷不是社会主义，社会主义要消灭贫穷。”①三是在社会主义市场经济条件下，国家能够实施强有力的宏观调控。社会主义国家能够把人民的长远利益与当前利益、局部利益与整体利益结合起来，使市场在社会主义国家宏观调控下对资源配置起决定性作用。

---

①　邓小平．邓小平文选：第3卷．北京：人民出版社，1993：116．

第二节　我国社会主义市场经济体制的初步建立

新中国成立以后，我们长期实行的是计划经济体制。在国民经济运行过程中，计划经济的缺点日益暴露，并严重阻碍了社会生产力的发展。但是，由于长期的思想束缚，人们对计划经济的认识还停留在传统阶段，认为社会主义必然要实行计划经济。特别是在“以阶级斗争为纲”的时期，根本不可能对计划经济进行深刻、彻底的反思。

1978 年关于“实践是检验真理的唯一标准问题”的大讨论，促进了全党和全国人民解放思想，端正思想路线。党的十一届三中全会重新确立了党的实事求是的思想路线，并把全党工作的中心转移到社会主义现代化建设上来。这就为人们正确认识计划经济与市场经济奠定了思想基础。邓小平同志指出，“为了发展生产力，必须对我国的经济体制进行改革”①。在经济建设过程中，人们开始从实际出发，实事求是地认识计划经济，并推动计划经济转向市场经济。当然，这种转变并非一步到位，而是分阶段逐步深化、不断推进的。从改革开放开始到社会主义市场经济体制初步建立，主要经历了三个阶段。

第一个阶段，1978—1984 年，强调“计划经济为主、市场调节为辅”。

在改革开放之初，我们对计划经济的认识是主要强调计划经济存在一定的不足，需要在实行计划经济的前提下，适当引入市场调节手段。1979 年，陈云同志就计划与市场问题指出：“现在的计划太死，包括的东西太多，结果必然出现缺少市场自动调节的部分。计划又时常脱节，计划机构忙于日常调度。因为市场调节受到限制，而计划又只能对大路货、主要品种作出计划数字，因此生产不能丰富多彩，人民所需日用品十分单调。”②1981 年，党的十一届六中全会强调：“必须在公有制基础上实行计划经济，

---

① 中共中央文献研究室．十二大以来重要文献选编：中．北京：人民出版社，1986：767.

② 中共中央文献研究室．三中全会以来重要文献选编：上．北京：人民出版社，1982：69.

同时发挥市场调节的辅助作用。要大力发展社会主义的商品生产和商品交换。”① 1982 年，党的十二大报告强调“正确贯彻计划经济为主、市场调节为辅的原则，是经济体制改革中的一个根本性问题”，并指出：“有计划的生产和流通，是我国国民经济的主体。同时，允许对于部分产品的生产和流通不作计划，由市场来调节，也就是说，根据不同时期的具体情况，由国家统一计划划出一定的范围，由价值规律自发地起调节作用。这一部分是有计划生产和流通的补充，是从属的、次要的，但又是必需的、有益的。国家通过经济计划的综合平衡和市场调节的辅助作用，保证国民经济按比例地协调发展。”②

第二个阶段，1984—1992 年，强调“有计划的商品经济”。

随着改革开放的推进，我国对计划经济体制不适应生产力发展的方面有了进一步的认识。计划经济体制存在的政企职责不分、忽视价值规律和市场作用、分配中平均主义严重等问题，“造成了企业缺乏应有的自主权，企业吃国家‘大锅饭’、职工吃企业‘大锅饭’的局面，严重压抑了企业和广大职工群众的积极性、主动性、创造性，使本来应该生机盎然的社会主义经济在很大程度上失去了活力”③。在此情势下，我们党敏锐地认识到，必须认真总结我国的历史经验，从我国经济的实际状况和发展要求出发，从根本上改变束缚生产力发展的经济体制，建立起具有中国特色的、充满生机和活力的社会主义经济体制。

1984 年，党的十二届三中全会通过的《中共中央关于经济体制改革的决定》指出：“我们改革经济体制，是在坚持社会主义制度的前提下，改革生产关系和上层建筑中不适应生产力发展的一系列相互联系的环节和方面。”“首先要突破把计划经济同商品经济对立起来的传统观念，明确认识社会主义计划经济必须自觉依据和运用价值规律，是在公有制基础上的有计划的商品经济。”这里的“有计划的商品经济”有三个层面的内涵：第

---

① 中共中央文献研究室．三中全会以来重要文献选编：下．北京：人民出版社，1982：841.

② 中共中央文献研究室．十二大以来重要文献选编：上．北京：人民出版社，1986：22.

③ 中共中央文献研究室．十二大以来重要文献选编：中．北京：人民出版社，1986：562.

一个层面，商品经济和计划经济不是对立的，而是统一的。只有充分发展商品经济，才能满足复杂多变的社会需求；商品经济有其自身的盲目性，必须有计划的指导、调节和以行政手段管理。第二个层面，我国总体上实行的仍是计划经济，而不是完全由市场调节的市场经济。完全由市场调节的生产和交换行为主要是部分农副产品、日用小商品和服务修理行业的劳务活动。第三个层面，在有计划的商品经济下，并非以指令性计划为主，而是有步骤地适当缩小指令性计划的范围，适当扩大指导性计划的范围。在谈到改革开放以来特别是党的十二届三中全会以来经济体制改革的成就时，邓小平同志曾经说过："改革的问题，十一届三中全会也已经提出来了。改革从农村开始，一度议论纷纷。经过三年，解决了许多实践中出现的新问题，取得成效，认识也就比较一致了。当然也还有新问题，还需要继续解决。十二届三中全会以后，改革的重点转移到城市。在多年酝酿和农村改革成功的基础上，经济体制的全面改革逐步展开。改革促进了生产力的发展，引起了经济生活、社会生活、工作方式和精神状态的一系列深刻变化。改革是社会主义制度的自我完善，在一定的范围内也发生了某种程度的革命性变革。"①

1987 年，党的十三大对"有计划的商品经济"做了进一步的阐释，指出"社会主义有计划商品经济的体制，应该是计划与市场内在统一的体制"，"善于运用计划调节和市场调节这两种形式和手段"，"计划和市场的作用范围都是覆盖全社会的。新的经济运行机制，总体上来说应当是'国家调节市场，市场引导企业'的机制。国家运用经济手段、法律手段和必要的行政手段，调节市场供求关系，创造适宜的经济和社会环境，以此引导企业正确地进行经营决策"②。这就突破了以往"计划经济为主，市场调节为辅"的观念，把对市场的认识提高到一个新的水平。

第三个阶段，1992—2000 年，初步建立社会主义市场经济体制。

对于市场经济，其实早在 1979 年，邓小平同志就曾经指出，"说市场

---

① 中共中央文献研究室. 十二大以来重要文献选编：中. 北京：人民出版社，1986：836.

② 中共中央文献研究室. 十三大以来重要文献选编：上. 北京：人民出版社，1991：26-27.

经济只存在于资本主义社会，只有资本主义的市场经济，这肯定是不正确的”，“社会主义也可以搞市场经济”[①]。但是，由于长期以来受传统思想的束缚，特别是“左”的思想的影响，很多人认为，社会主义经济只能是计划经济，搞市场经济就是搞资本主义。如果我们不能彻底解放思想，就无法真正实现从计划经济到市场经济的转变。

1992 年 1 月，邓小平同志视察南方时强调：“计划多一点还是市场多一点，不是社会主义与资本主义的本质区别。计划经济不等于社会主义，资本主义也有计划；市场经济不等于资本主义，社会主义也有市场。计划和市场都是经济手段。”[②] 邓小平同志关于计划经济与市场经济关系的论断被人们形象地称为“猫论”——“黄猫、黑猫，只要捉住老鼠就是好猫”。南方谈话从根本上解除了把计划经济和市场经济看作属于社会基本制度范畴的思想束缚，使我们在计划与市场关系问题上的认识有了新的重大突破，并极大地推动了我国改革开放的进程。同年 6 月，江泽民同志在谈到如何更深刻地领会和全面落实邓小平同志的重要谈话精神时指出：“改革的一个核心问题，就是要从根本上改变束缚生产力发展的原有经济体制，建立充满生机与活力的新经济体制。”[③] “而建立新经济体制的一个关键问题，是要正确认识计划与市场问题及其相互关系，就是要在国家宏观调控下，更加重视和发挥市场在资源配置上的作用。”[④]

1992 年 10 月，党的十四大报告明确提出“我国经济体制改革的目标是建立社会主义市场经济体制，以利于进一步解放和发展生产力”[⑤]，并阐释了社会主义市场经济体制的内涵：“要使市场在社会主义国家宏观调控下对资源配置起基础性作用，使经济活动遵循价值规律的要求，适应供求关系的变化；通过价格杠杆和竞争机制的功能，把资源配置到效益较好的环节中去，并给企业以压力和动力，实现优胜劣汰；运用市场对各种经济信号反应比较灵敏的优点，促进生产和需求的及时协调。同时也要看到市场有其自身的弱点和消极方面，必须加强和改善国家对经济的宏观调控。我们要大力发展全

---

① 邓小平．邓小平文选：第 2 卷．2 版．北京：人民出版社，1994：236.

② 中共中央文献研究室．十三大以来重要文献选编：下．北京：人民出版社，1993：1854.

③ 同②2064-2065.

④ 同②2069.

⑤ 中共中央文献研究室．十四大以来重要文献选编：上．北京：人民出版社，1996：18-19.

国的统一市场，进一步扩大市场的作用，并依据客观规律的要求，运用好经济政策、经济法规、计划指导和必要的行政管理，引导市场健康发展。”①

1993 年，党的十四届三中全会通过了《中共中央关于建立社会主义市场经济体制若干问题的决定》，把十四大提出的经济体制改革的目标和基本原则加以具体化，制定了社会主义市场经济体制的总体规划，成为 20 世纪 90 年代我国进行经济体制改革的行动纲领。大会提出了建立社会主义市场经济体制的时间表，即“在本世纪末初步建立起新的经济体制”。大会还强调了决定各项改革措施取舍和检验其得失的根本标准，即“是否有利于发展社会主义社会的生产力，是否有利于增强社会主义国家的综合国力，是否有利于提高人民的生活水平”。“三个有利于”的判断标准是我们党坚持解放思想、实事求是的产物，对于我们摆脱姓“资”姓“社”的思想束缚、聚精会神推动经济体制改革具有积极意义。

党的十四届三中全会对我国的改革开放和社会主义现代化建设产生了深远影响。为使市场在国家宏观调控下对资源配置起基础性作用，我国围绕以下环节，积极而有步骤地全面推进改革：坚持以公有制为主体、多种经济成分共同发展的方针，进一步转换国有企业经营机制，建立适应市场经济要求，产权清晰、权责明确、政企分开、管理科学的现代企业制度；建立全国统一开放的市场体系，实现城乡市场紧密结合，国内市场与国际市场相互衔接，促进资源的优化配置；转变政府管理经济的职能，建立以间接手段为主的完善的宏观调控体系，保证国民经济的健康运行；建立以按劳分配为主体，效率优先、兼顾公平的收入分配制度，鼓励一部分地区一部分人先富起来，走共同富裕的道路；建立多层次的社会保障制度，为城乡居民提供同我国国情相适应的社会保障，促进经济发展和社会稳定。1997 年，党的十五大报告强调：“要坚持社会主义市场经济的改革方向，使改革在一些重大方面取得新的突破，并在优化经济结构、发展科学技术和提高对外开放水平等方面取得重大进展，真正走出一条速度较快、效益较好、整体素质不断提高的经济协调发展的路子。”② 经过全党和全国各族

① 中共中央文献研究室．十四大以来重要文献选编：上．北京：人民出版社，1996：19.

② 中共中央文献研究室．十五大以来重要文献选编：上．北京：人民出版社，2000：20.

人员锐意改革、自力更生、艰苦创业，社会主义市场经济体制在20世纪末初步建立起来。2000年党的十五届五中全会通过的《中共中央关于制定国民经济和社会发展第十个五年计划的建议》，在回顾和总结20多年的改革开放和发展的成就时明确指出，“社会主义市场经济体制初步建立，市场机制在配置资源中日益明显地发挥基础性作用，经济发展的体制环境发生了重大变化”①。

第三节　我国社会主义市场经济体制的不断完善

社会主义市场经济体制的初步建立，表明我国已由计划经济体制向社会主义市场经济体制转变，实现了改革开放新的历史性突破，打开了我国经济、政治和文化发展的崭新局面。但是我们也应清醒地看到，我们所初步建立的社会主义市场经济体制还不成熟、不完善，还有很多不适应生产力发展的方面和环节，例如，市场机制作用还不充分，收入分配关系尚未理顺，市场经济秩序有待继续整顿和规范，等等。改革永无止境。面对新的形势和挑战，我们党深刻认识到，必须从实际出发，整体推进，重点突破，循序渐进，拿出一往无前的勇气，不断完善社会主义市场经济体制。《中共中央关于制定国民经济和社会发展第十个五年计划的建议》在阐述第十个五年计划期间（2001—2005年）经济和社会发展的主要目标时指出，“完善社会主义市场经济体制迈出实质性步伐”，强调“要大胆探索，勇于创新，突破影响生产力发展的体制性障碍，逐步完善社会主义市场经济体制”②，并提出了完善社会主义市场经济体制的主要思路，包括：国有企业改革是经济体制改革的中心环节；社会生产力水平的多层次性和所有制结构的多样性，是我国社会主义初级阶段的重要特征；进一步开放市场，建立和完善全国统一、公平竞争、规范有序的市场体系；综合运用计划、财政、金融等手段，发挥价格、税收、利率、汇率等杠杆作用，引导和促进经

① 中共中央文献研究室．十五大以来重要文献选编：中．北京：人民出版社，2001：1369.
② 同①1370，1387.

济结构调整，保证经济稳定增长；深化金融改革，完善金融组织体系、市场体系、监管体系和调控体系；继续推进行政管理体制改革和机构改革，按照发展社会主义市场经济的要求，进一步转变政府职能，实现政企分开。

为贯彻落实党的十六大提出的建成完善的社会主义市场经济体制和更具活力、更加开放的经济体系的战略部署，深化经济体制改革，促进经济社会全面发展，2003 年党的十六届三中全会通过《中共中央关于完善社会主义市场经济体制若干问题的决定》。该决定分析了我国经济体制改革面临的形势和任务，强调："为适应经济全球化和科技进步加快的国际环境，适应全面建设小康社会的新形势，必须加快推进改革，进一步解放和发展生产力，为经济发展和社会全面进步注入强大动力。"该决定明确了完善社会主义市场经济体制的目标和任务。其中，主要目标是："按照统筹城乡发展、统筹区域发展、统筹经济社会发展、统筹人与自然和谐发展、统筹国内发展和对外开放的要求，更大程度地发挥市场在资源配置中的基础性作用，增强企业活力和竞争力，健全国家宏观调控，完善政府社会管理和公共服务职能，为全面建设小康社会提供强有力的体制保障。"主要任务是："完善公有制为主体、多种所有制经济共同发展的基本经济制度；建立有利于逐步改变城乡二元经济结构的体制；形成促进区域经济协调发展的机制；建设统一开放竞争有序的现代市场体系；完善宏观调控体系、行政管理体制和经济法律制度；健全就业、收入分配和社会保障制度；建立促进经济社会可持续发展的机制。"①

围绕上述目标和任务，该决定进一步提出了完善社会主义市场经济体制的若干要求，包括：进一步巩固和发展公有制经济，鼓励、支持和引导非公有制经济发展；完善国有资产管理体制，深化国有企业改革；深化农村改革，完善农村经济体制；完善市场体系，规范市场秩序；继续改善宏观调控，加快转变政府职能；完善财税体制，深化金融改革；深化涉外经济体制改革，全面提高对外开放水平；推进就业和分配体制改革，完善社会保障体系；深化科技教育文化卫生体制改革，提高国家创新能力和国民整体素质；深化行政管理体制改革，完善经济法律制度；加强和改善党的

---

① 中共中央文献研究室．十六大以来重要文献选编：上．北京：中央文献出版社，2005：465.

领导，为完善社会主义市场经济体制而奋斗[①]。

在不断完善社会主义市场经济体制的过程中，我国改革开放进程出现一些新的特征，比如，生产力发展仍然面临诸多体制性、机制性障碍，改革进入攻坚阶段，体制创新任务艰巨，深化改革必然触及深层次矛盾和问题[②]。党的十七大报告强调要深入贯彻落实科学发展观，继续深化改革开放，并要求“完善社会主义市场经济体制，推进各方面体制改革创新，加快重要领域和关键环节改革步伐，全面提高开放水平，着力构建充满活力、富有效率、更加开放、有利于科学发展的体制机制，为发展中国特色社会主义提供强大动力和体制保障”[③]。

党的十八大报告提出要加快完善社会主义市场经济体制，强调“深化改革是加快转变经济发展方式的关键”，并就全面深化经济体制改革提出各项要求。“经济体制改革的核心问题是处理好政府和市场的关系，必须更加尊重市场规律，更好发挥政府作用。要毫不动摇巩固和发展公有制经济，推行公有制多种实现形式，深化国有企业改革，完善各类国有资产管理体制，推动国有资本更多投向关系国家安全和国民经济命脉的重要行业和关键领域，不断增强国有经济活力、控制力、影响力。毫不动摇鼓励、支持、引导非公有制经济发展，保证各种所有制经济依法平等使用生产要素、公平参与市场竞争、同等受到法律保护。”[④] 大会还提出要健全现代市场体系，加快改革财税体制，深化金融体制改革，完善金融监管，推进金融创新，维护金融稳定。

要顺利实现党的十八大提出的各项战略目标和工作部署，必须抓紧推进全面改革。面对国内外环境发生的极为广泛而深刻的变化，为解决我国发展面临的一系列突出矛盾和挑战，党的十八大以来，以习近平同志为核心的党中央反复强调，改革开放是决定当代中国命运的关键一招，也是决定实现“两个一百年”奋斗目标、实现中华民族伟大复兴的关键一招，实

---

① 中共中央文献研究室. 十六大以来重要文献选编：上. 北京：中央文献出版社，2005：466-482.

② 中共中央文献研究室. 十六大以来重要文献选编：中. 北京：中央文献出版社，2006：1088.

③ 中共中央文献研究室. 十七大以来重要文献选编：上. 北京：中央文献出版社，2009：14.

④ 中共中央文献研究室. 十八大以来重要文献选编：上. 北京：中央文献出版社，2014：16.

践发展永无止境，解放思想永无止境，改革开放也永无止境，停顿和倒退没有出路，改革开放只有进行时、没有完成时。面对新形势新任务，我们必须通过全面深化改革，着力解决我国发展面临的一系列突出矛盾和问题，不断推进中国特色社会主义制度自我完善和发展①。

为贯彻落实党的十八大关于全面深化改革的战略部署，2013 年党的十八届三中全会通过了《中共中央关于全面深化改革若干重大问题的决定》，强调要“紧紧围绕使市场在资源配置中起决定性作用深化经济体制改革，坚持和完善基本经济制度，加快完善现代市场体系、宏观调控体系、开放型经济体系，加快转变经济发展方式，加快建设创新型国家，推动经济更有效率、更加公平、更可持续发展”。该决定指出：“全面深化改革，必须立足于我国长期处于社会主义初级阶段这个最大实际，坚持发展仍是解决我国所有问题的关键这个重大战略判断，以经济建设为中心，发挥经济体制改革牵引作用，推动生产关系同生产力、上层建筑同经济基础相适应，推动经济社会持续健康发展。”“经济体制改革是全面深化改革的重点，核心问题是处理好政府和市场的关系，使市场在资源配置中起决定性作用和更好发挥政府作用。市场决定资源配置是市场经济的一般规律，健全社会主义市场经济体制必须遵循这条规律，着力解决市场体系不完善、政府干预过多和监管不到位问题。”“政府的职责和作用主要是保持宏观经济稳定，加强和优化公共服务，保障公平竞争，加强市场监管，维护市场秩序，推动可持续发展，促进共同富裕，弥补市场失灵。”该决定从经济、政治、文化、社会、生态文明、国防和军队六个方面，具体部署全面深化改革的主要任务和重大举措，其中经济方面主要包括以下六条②：一是坚持和完善基本经济制度。主要举措包括完善产权保护制度、积极发展混合所有制经济、推动国有企业完善现代企业制度、支持非公有制经济健康发展。二是加快完善现代市场体系。主要举措包括建立公平开放透明的市场规则、完善主要由市场决定价格的机制、建立城乡统一的建设用地市场、

---

① 习近平．关于《中共中央关于全面深化改革若干重大问题的决定》的说明．人民网，2013-11-15.

② 中共中央关于全面深化改革若干重大问题的决定．中国政府网，2013-11-15.

完善金融市场体系、深化科技体制改革。三是加快转变政府职能。主要举措包括健全宏观调控体系、全面正确履行政府职能、优化政府组织结构。四是深化财税体制改革。主要举措包括改进预算管理制度、完善税收制度、建立事权和支出责任相适应的制度。五是健全城乡发展一体化体制机制。主要举措包括加快构建新型农业经营体系、赋予农民更多财产权利、推进城乡要素平等交换和公共资源均衡配置、完善城镇化健康发展体制机制。六是构建开放型经济新体制。主要举措包括放宽投资准入、加快自由贸易区建设、扩大内陆沿边开放。

党的十九大是在全面建成小康社会决胜阶段、中国特色社会主义进入新时代的关键时期召开的一次十分重要的大会。大会分析了国际国内形势发展变化，回顾和总结了过去5年的工作和历史性变革，做出了中国特色社会主义进入了新时代、我国社会主要矛盾已经转化为人民日益增长的美好生活需要和不平衡不充分的发展之间的矛盾等重大政治论断。大会强调“必须坚定不移把发展作为党执政兴国的第一要务，坚持解放和发展社会生产力，坚持社会主义市场经济改革方向”，“着力构建市场机制有效、微观主体有活力、宏观调控有度的经济体制”，并提出要加快完善社会主义市场经济体制，明确指出：“经济体制改革必须以完善产权制度和要素市场化配置为重点，实现产权有效激励、要素自由流动、价格反应灵活、竞争公平有序、企业优胜劣汰。”具体举措主要包括：完善各类国有资产管理体制，深化国有企业改革，全面实施市场准入负面清单制度，深化商事制度改革，创新和完善宏观调控，完善促进消费的体制机制，深化投融资体制改革，加快建立现代财政制度，深化金融体制改革，健全货币政策和宏观审慎政策双支柱调控框架，健全金融监管体系等。

第四节　社会主义市场经济体制与宏观调控

一、社会主义国家宏观调控的必要性和作用

宏观调控是政府在履行经济职能时，综合运用各种经济手段对国民经

济进行的各种调节与控制。社会主义市场经济体制的一个重要特点是市场在社会主义国家宏观调控下对资源配置起决定性作用。国家宏观调控和市场机制的作用，都是社会主义市场经济体制的本质要求，二者是统一的，是相辅相成、相互促进的。建立与完善社会主义市场经济体制，必须充分发挥市场在资源配置中的决定性作用，但同时也要看到，市场存在自发性、盲目性、滞后性的一面，这些弱点和不足必须靠国家对市场活动的宏观指导和调控来加以弥补和克服。

第一，实行宏观调控是实现中华民族伟大复兴中国梦的必然要求。

实现中华民族伟大复兴，是中国近代以来最伟大的梦想。习近平同志指出，“实现全面建成小康社会、建成富强民主文明和谐的社会主义现代化国家的奋斗目标，实现中华民族伟大复兴的中国梦，就是要实现国家富强、民族振兴、人民幸福”①。中国梦的实现必须以经济的稳定发展和人民生活水平的不断提高为基础。宏观调控就是要通过“看得见的手”，为经济增长提供稳定器，推动国民经济持续快速健康发展，避免出现剧烈波动和衰退，进而为中国梦的实现提供必要的物质基础。同时，宏观调控通过分配与再分配政策，规范收入分配秩序，防范市场价格扭曲而导致的不合理的收入差距，在社会财富增长的同时推动实现全体人民的共同富裕，这也是在实现中国梦的伟大征程中宏观调控发挥功能的应有之义。

第二，实行宏观调控是弥补市场缺陷的必然要求。

市场调节的固有缺陷对于国民经济的发展存在不利影响，宏观调控就是要发挥政府的经济职能，弥补市场的不足。首先，宏观调控可以通过一系列的政策法规对市场主体的经济行为进行规范，防止商品生产者和经营者片面追求经济利益而损害社会公共利益。其次，宏观调控过程中，政府可以利用自身的行政职能，在更广泛的层面上搜寻、统计、分析和整理经济信息，了解并掌握宏观经济运行态势，从而为经济决策提供更为有效的信息支持，并为市场中个体的经济行为提供更为全面的信息参考。最后，宏观调控过程中，政府可以此充分运用信息优势，对经济走势进行预判，并提前制定相应的对策。特别是在大数据时代，政府借助数据分析工具，

① 习近平．习近平谈治国理政．北京：外文出版社，2014：39.

可以快速、全面地对经济动态做出反应。

第三，实行宏观调控是适应经济全球化发展的必然要求。

进入经济全球化时代，世界各国的经济越来越紧密地联系在一起，任何一国的经济都会受其他国家经济发展的影响，反过来，任何一国经济也会在一定程度上影响其他国家的经济。当一国或若干国家的经济出现波动时，会通过贸易、投资、金融等体系传导到其他国家，产生外溢作用。如果这种波动是剧烈的，其外溢作用也会十分明显，此时受影响的国家必须采取宏观调控措施，以有效消除或对冲这些负面影响。2008 年国际金融危机爆发以来，世界各国更加重视国际经济政策的协调，并探索建立跨国的宏观经济政策协调机制。自改革开放以来，我国在全球经济中的地位越来越重要，同其他国家和经济组织的联系也越来越密切，受国际经济波动冲击的风险也在加大，因此，加强宏观调控、应对国际经济风险，是发挥我国政府经济职能的当然之举。

第四，实行宏观调控是深化供给侧结构性改革的必然要求。

近年来，我国经济由高速增长向中高速增长转变，经济运行出现了很多新的特征，其中一个重要的方面就是供给结构不适应需求的变化，例如，无效供给和低端供给过多，有效供给和中高端供给不足，等等。为此，必须深化供给侧结构性改革，矫正要素配置扭曲，扩大有效供给，提高供给结构适应性和灵活性。深化供给侧结构性改革必须实施相互配合的政策支柱，包括宏观政策要稳、产业政策要准、微观政策要活、改革政策要实、社会政策要托底。这五大政策支柱从根本上来说就是我国实行宏观调控的具体体现。进入新时代，我们要围绕供给侧结构性改革这条主线，以稳中求进工作为总基调，努力推动经济社会持续健康发展，为此，必须以习近平新时代中国特色社会主义思想为指导，创新和完善宏观调控机制，把握好工作节奏和力度，统筹各项政策，加强政策协同。

二、社会主义国家宏观调控体系的逐步形成

改革开放以后，我国面临更为复杂的国内国际经济形势，实现国民经济持续快速健康发展的任务更为艰巨，难度更大，如何充分有效地发挥宏观调控的作用尤为重要。随着社会主义市场经济体制的逐步建立与完善，

我国对社会主义国家宏观调控的认识也在不断深化，并不断推动社会主义国家宏观调控体系的形成。

1987 年党的十三大提出逐步健全以间接管理为主的宏观经济调节体系，指出："必须从有利于保持社会总供给与总需求基本平衡、促进科学技术进步和优化产业结构出发，加快宏观经济管理方式的改革。计划管理的重点应转向制定产业政策，通过综合运用各种经济杠杆，促进产业政策的实现。"①

1989 年，党的十三届五中全会分析了当时的国民经济面临的一些突出困难，例如：社会总需求远远超过社会总供给；工农业比例关系严重失调；基础工业、基础设施与加工工业的比例关系严重失调；资金、外汇、物资的分配权过度分散；生产、建设、流通领域中普遍存在着高消耗、低效益，高投入、低产出，高消费、低效率的现象；等等。全会指出造成这些困难的重要原因之一，是我们在强调微观搞活的同时忽视了综合平衡和加强宏观调控。为此，全会提出要加强治理整顿，"进一步深化和完善各项改革措施，逐步建立符合计划经济与市场调节相结合原则的，经济、行政、法律手段综合运用的宏观调控体系"②。

1992 年党的十四大提出："要看到市场有其自身的弱点和消极方面，必须加强和改善国家对经济的宏观调控。我们要大力发展全国的统一市场，进一步扩大市场的作用，并依据客观规律的要求，运用好经济政策、经济法规、计划指导和必要的行政管理，引导市场健康发展。"③"在宏观调控上，我们社会主义国家能够把人民的当前利益与长远利益、局部利益与整体利益结合起来，更好地发挥计划和市场两种手段的长处。国家计划是宏观调控的重要手段之一。要更新计划观念，改进计划方法，重点是合理确定国民经济和社会发展的战略目标，搞好经济发展预测、总量调控、重大结构与生产力布局规划，集中必要的财力物力进行重点建设，综合运用经济杠杆，促进经济更好更快地发展。"④ 同时，"健全科学的宏观管理体制与方法"⑤。

---

① 中共中央文献研究室．十三大以来重要文献选编：上．北京：人民出版社，1991：30.

② 中共中央文献研究室．十三大以来重要文献选编：中．北京：人民出版社，1991：686.

③ 中共中央文献研究室．十四大以来重要文献选编：上．北京：人民出版社，1996：19.

④ 同③19－20.

⑤ 同③22.

党的十四届三中全会分析了应如何正确处理加强宏观调控和发挥市场作用的关系，强调社会主义市场经济体制是同社会主义基本制度结合在一起的，建立社会主义市场经济体制，必须从充分发挥市场机制作用和加强宏观调控这两个方面共同努力。全会通过的《中共中央关于建立社会主义市场经济体制若干问题的决定》指出，为使市场在国家宏观调控下对资源配置起基础性作用，必须"转变政府管理经济的职能，建立以间接手段为主的完善的宏观调控体系，保证国民经济的健康运行"。该决定强调社会主义市场经济必须有健全的宏观调控体系，明确指出："宏观调控的主要任务是：保持经济总量的基本平衡，促进经济结构的优化，引导国民经济持续、快速、健康发展，推动社会全面进步。"该决定还阐述了宏观调控所采取的经济办法："近期要在财税、金融、投资和计划体制的改革方面迈出重大步伐，建立计划、金融、财政之间相互配合和制约的机制，加强对经济运行的综合协调。"①

党的十五大报告提出要充分发挥市场机制作用，健全宏观调控体系，明确了宏观调控的主要任务是"保持经济总量平衡，抑制通货膨胀，促进重大经济结构优化，实现经济稳定增长"。这里的主要任务与十四届三中全会的提法有个显著的区别，就是提出要抑制通货膨胀。这与 1994 年至 1996 年我国面临较为严峻的通货膨胀有关。在宏观调控的手段方面，除了十四届三中全会提出的经济手段，此次会议还提到了法律手段，强调"宏观调控主要运用经济手段和法律手段。要深化金融、财政、计划体制改革，完善宏观调控手段和协调机制"。在宏观调控所采用的政策方面，会议提出要"实施适度从紧的财政政策和货币政策"，并要求注意掌握调控力度。当时的情况是，机构臃肿、人浮于事、政企不分、官僚主义严重，已经直接阻碍改革的深入和经济的发展，为适应宏观调控的需要，会议提出要推进机构改革，"按照社会主义市场经济的要求，转变政府职能，实现政企分开，把企业生产经营管理的权力切实交给企业"，"把综合经济部门改组为宏观调控部门，调整和减少专业经济部门，加强执法监管部门，培育和发展社会中介组织"②。

---

① 中共中央文献研究室．十四大以来重要文献选编：上．北京：人民出版社，1996：520，530-531.

② 中共中央文献研究室．十五大以来重要文献选编：上．北京：人民出版社，2000：25，33.

党的十六大报告强调要加强和完善宏观调控，提出要“完善政府的经济调节、市场监管、社会管理和公共服务的职能，减少和规范行政审批”。大会明确了宏观调控的主要目标是促进经济增长、增加就业、稳定物价和保持国际收支平衡。大会还就扩大内需、完善宏观调控体系等提出了具体要求，指出：“扩大内需是我国经济发展长期的、基本的立足点。坚持扩大国内需求的方针，根据形势需要实施相应的宏观经济政策。调整投资和消费关系，逐步提高消费在国内生产总值中的比重。完善国家计划和财政政策、货币政策等相互配合的宏观调控体系，发挥经济杠杆的调节作用。深化财政、税收、金融和投融资体制改革。完善预算决策和管理制度，加强对财政收支的监督，强化税收征管。稳步推进利率市场化改革，优化金融资源配置，加强金融监管，防范和化解金融风险，使金融更好地为经济社会发展服务。”①

党的十六届三中全会通过的《中共中央关于完善社会主义市场经济体制若干问题的决定》在关于完善社会主义市场经济体制的目标的论述中强调要“健全国家宏观调控，完善政府社会管理和公共服务职能，为全面建设小康社会提供强有力的体制保障”②；在阐述完善社会主义市场经济体制的任务时提出要“完善宏观调控体系”，并提出了具体要求：“进一步健全国家计划和财政政策、货币政策等相互配合的宏观调控体系。国家计划明确的宏观调控目标和总体要求，是制定财政政策和货币政策的主要依据。财政政策要在促进经济增长、优化结构和调节收入方面发挥重要功能，完善财政政策的有效实施方式。货币政策要在保持币值稳定和总量平衡方面发挥重要作用，健全货币政策的传导机制。重视人口老龄化趋势等因素对社会供求的影响。完善统计体制，健全经济运行监测体系，加强各宏观经济调控部门的功能互补和信息共享，提高宏观调控水平。”③

党的十七大提出要形成有利于科学发展的宏观调控体系，并重点论述了如何通过深化财税、金融等体制改革来完善宏观调控体系。会议提出：

① 中共中央文献研究室. 十六大以来重要文献选编：上. 北京：中央文献出版社，2005：21.
② 同①465.
③ 同①471.

"围绕推进基本公共服务均等化和主体功能区建设，完善公共财政体系。深化预算制度改革，强化预算管理和监督，健全中央和地方财力与事权相匹配的体制，加快形成统一规范透明的财政转移支付制度，提高一般性转移支付规模和比例，加大公共服务领域投入。完善省以下财政体制，增强基层政府提供公共服务能力。实行有利于科学发展的财税制度，建立健全资源有偿使用制度和生态环境补偿机制。推进金融体制改革，发展各类金融市场，形成多种所有制和多种经营形式、结构合理、功能完善、高效安全的现代金融体系。提高银行业、证券业、保险业竞争力。优化资本市场结构，多渠道提高直接融资比重。加强和改进金融监管，防范和化解金融风险。完善人民币汇率形成机制，逐步实现资本项目可兑换。深化投资体制改革，健全和严格市场准入制度。完善国家规划体系。发挥国家发展规划、计划、产业政策在宏观调控中的导向作用，综合运用财政、货币政策，提高宏观调控水平。"①

党的十八届三中全会围绕健全宏观调控体系，指出宏观调控的主要任务是："保持经济总量平衡，促进重大经济结构协调和生产力布局优化，减缓经济周期波动影响，防范区域性、系统性风险，稳定市场预期，实现经济持续健康发展。"这里突出了防范区域性、系统性风险在宏观调控中的重要性，这主要是因为国际金融危机以来，经济领域尤其是金融领域面临复杂的形势，有发生区域性、系统性风险的潜在可能性。全会提出了健全宏观调控体系的具体要求，即以国家发展战略和规划为导向、以财政政策和货币政策为主要手段，"推进宏观调控目标制定和政策手段运用机制化，加强财政政策、货币政策与产业、价格等政策手段协调配合，提高相机抉择水平，增强宏观调控前瞻性、针对性、协同性。形成参与国际宏观经济政策协调的机制，推动国际经济治理结构完善"②。

习近平同志在党的十九大报告中强调，要"创新和完善宏观调控，发挥国家发展规划的战略导向作用，健全财政、货币、产业、区域等经济政

① 中共中央文献研究室．十七大以来重要文献选编：上．北京：中央文献出版社，2009：20-21.

② 中共中央关于全面深化改革若干重大问题的决定．中国政府网，2013-11-15.

策协调机制”，“健全货币政策和宏观审慎政策双支柱调控框架，深化利率和汇率市场化改革。健全金融监管体系，守住不发生系统性金融风险的底线”①。习近平同志关于完善宏观调控的重要论述，紧紧抓住当前社会主要矛盾的变化，坚持以人民为中心的发展思想，聚焦人民对美好生活的需要，着力深化供给侧结构性改革，全面实施创新驱动发展战略，大力推进生态文明建设，促进城乡区域协调发展，积极推动解决社会主要矛盾。我们要在改革开放以来积累的宏观调控丰富经验的基础上，科学把握习近平新时代中国特色社会主义思想对宏观调控提出的新要求，在新的历史起点上持续创新和完善宏观调控，把有效市场和有为政府更好地结合起来，坚持质量第一、效益优先，更好发挥财政、货币、消费、投资、产业、区域等政策工具的支撑作用，构建更加有效有力的宏观政策体系，努力推动实现更高质量、更有效率、更加公平、更可持续的发展。

① 习近平. 决胜全面建成小康社会　夺取新时代中国特色社会主义伟大胜利. 人民日报, 2017-10-28.

第四章　经济发展水平的提高

改革开放40年来，我国经济发展取得了举世瞩目的成就，不仅摆脱了贫穷落后的面貌，而且正向社会主义现代化强国迈进；不仅基本上解决了人民群众的温饱问题，而且正向全面建成小康社会宏伟目标迈进。中国的经济建设成就，堪称世界经济发展史上的奇迹。

第一节　国民经济的快速增长

经济增长是指一个时期内一个国家或地区产出水平（国内生产总值）的持续增加，它反映了一国或地区财富的增长。对任何国家或地区来说，实现经济增长都是提高综合国力、改善人民生活、促进社会发展的根本途径。改革开放以来，我国社会主义经济建设成就最显著的表现就是国民经济的快速增长。

一、经济总量跃居世界第二

改革开放之前，我国经济发展水平在世界上处于比较落后的地位。当时，虽然我国是世界人口大国，但并非世界经济大国。如表4－1所示，1978年我国国内生产总值仅为 3 678.7 亿元，居世界第 11 位。虽然名次在当时被列入统计范围的全球 188 个经济体中较为靠前，但考虑当时中国人口数量居世界第 1 位，国土面积居世界前列，这样的国内生产总值排名说明当时中国经济较为落后，与中国人口和面积很不相称。改革开放以后，我们党牢牢把发展作为执政兴国的第一要务，聚精会神搞建设，一心一意谋发展，从而推动了我国国内生产总值迅速增长。2010 年，我国国内生产总值达 58 786 亿美元，而当年日本的国内生产总值为 54 978 亿美元，中国超过日本成为世界第二大经济体，仅次于美国（2010 年美国国内生产总值为 145 824 亿美元）。经济总量跃居世界第二，说明中国作为世界上最大的发展中国家，已经取得了经济建设的辉煌成就。

表 4-1　改革开放以来我国历年国内生产总值和三次产业增加值

年份	国内生产总值（亿元）	第一产业增加值（亿元）	第二产业增加值（亿元）	第三产业增加值（亿元）	人均国内生产总值（元）
1978	3 678.7	1 018.5	1 755.2	905.1	385
1979	4 100.5	1 259.0	1 925.4	916.1	423
1980	4 587.6	1 359.5	2 204.7	1 023.4	468
1981	4 935.8	1 545.7	2 269.1	1 121.1	497
1982	5 373.4	1 761.7	2 397.7	1 214.0	533
1983	6 020.9	1 960.9	2 663.0	1 397.0	588
1984	7 278.5	2 295.6	3 124.8	1 858.1	702
1985	9 098.9	2 541.7	3 886.5	2 670.7	866
1986	10 376.2	2 764.1	4 515.2	3 096.9	973
1987	12 174.6	3 204.5	5 274.0	3 696.2	1 123
1988	15 180.4	3 831.2	6 607.4	4 741.8	1 378
1989	17 179.7	4 228.2	7 300.9	5 650.6	1 536
1990	18 872.9	5 017.2	7 744.3	6 111.4	1 663
1991	22 005.6	5 288.8	9 129.8	7 587.0	1 912
1992	27 194.5	5 800.3	11 725.3	9 668.9	2 334
1993	35 673.2	6 887.6	16 473.1	12 312.6	3 027
1994	48 637.5	9 471.8	22 453.1	16 712.5	4 081
1995	61 339.9	12 020.5	28 677.5	20 641.9	5 091

续前表

年份	国内生产总值（亿元）	第一产业增加值（亿元）	第二产业增加值（亿元）	第三产业增加值（亿元）	人均国内生产总值（元）
1996	71 813.6	13 878.3	33 828.1	24 107.2	5 898
1997	79 715.0	14 265.2	37 546.0	27 903.8	6 481
1998	85 195.5	14 618.7	39 018.5	31 558.3	6 860
1999	90 564.4	14 549.0	41 080.9	34 934.5	7 229
2000	100 280.1	14 717.4	45 664.8	39 897.9	7 942
2001	110 863.1	15 502.5	49 660.7	45 700.0	8 717
2002	121 717.4	16 190.2	54 105.5	51 421.7	9 506
2003	137 422.0	16 970.2	62 697.4	57 754.4	10 666
2004	161 840.2	20 904.3	74 286.9	66 648.9	12 487
2005	187 318.9	21 806.7	88 084.4	77 427.8	14 368
2006	219 438.5	23 317.0	104 361.8	91 759.7	16 738
2007	270 232.3	27 788.0	126 633.6	115 810.7	20 505
2008	319 515.5	32 753.2	149 956.6	136 805.8	24 121
2009	349 081.4	34 161.8	160 171.7	154 747.9	26 222
2010	413 030.3	39 362.6	191 629.8	182 038.0	30 876
2011	489 300.6	46 163.1	227 038.8	216 098.6	36 403
2012	540 367.4	50 902.3	244 643.3	244 821.9	40 007
2013	595 244.4	55 329.1	261 956.1	277 959.3	43 852
2014	643 974.0	58 343.5	277 571.8	308 058.6	47 203
2015	689 052.1	60 862.1	282 040.3	346 149.7	50 251
2016	744 127.2	63 670.7	296 236.0	384 220.5	53 980
2017	827 122	65 468	334 623	427 032	59 660

资料来源：国家统计局．中国统计年鉴（2017）．北京：中国统计出版社，2017；国家统计局．中华人民共和国2017年国民经济和社会发展统计公报．国家统计局网，2018-02-28.

二、经济增速名列前茅

中国经济总量之所以能跃居世界第二，关键在于发展速度。如图 4－1 所示，1978—2017 年，我国经济增长率的年均水平达 9.59%，这样的经济增速在世界同期是绝无仅有的。改革开放初期至 2011 年，我国经济经历了高速增长的阶段，经济增长率的年均水平达 10%。在这个高速增长阶段，中国经济表现出典型的出口外向型特征，即主要依靠外需拉动。同时，国内的投资需求和消费需求也很旺盛。由此，依靠出口、投资和消费这“三驾马车”，中国经济保持了较长时期的高速增长。2012 年以后，我国经济发展进入新常态，由高速增长转向中高速增长，经济增速出现了一定的下滑，尽管如此，2012—2017 年中国经济增长仍然保持了 7.25%的平均水平。2017 年我国国内生产总值达 827 122 亿元，比上年增长 6.9%。其中，第一产业增加值 65 468 亿元，增长 3.9%；第二产业增加值 334 623 亿元，增长 6.1%；第三产业增加值 427 032 亿元，增长 8.0%。

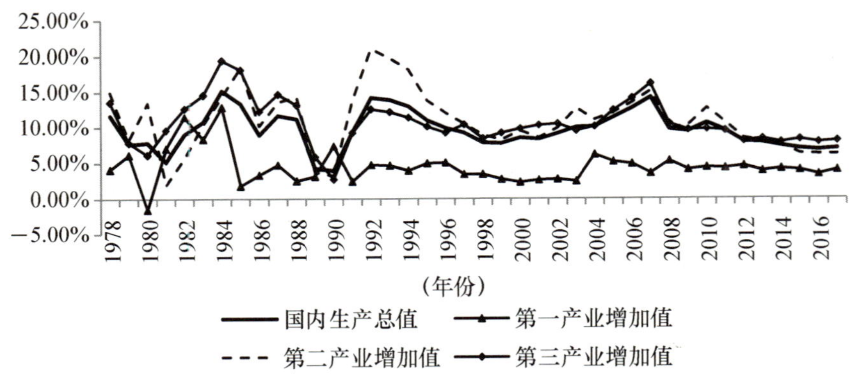

图 4－1　改革开放以来我国国内生产总值增长率和三次产业增加值增长率

数据来源：国家统计局．中国统计年鉴（2017)．北京：中国统计出版社，2017；国家统计局．中华人民共和国 2017 年国民经济和社会发展统计公报．国家统计局网，2018-02-28.

三、国际经济地位不断提升

改革开放以来，中国经济的增长为世界经济增长做出了无可否认的重大贡献。从中国自身来看，中国是世界上人口最多的国家，也是世界上最大的发展中国家，用世界 7%的耕地养活了世界 1/5 以上的人口，这本身就是对世界经济的巨大贡献。从全球经济来看，中国积极参与国际经济合作，同世界主要国家的经济关系不断深化。2008 年国际金融危机爆发后，中国在应对国际金融危机中发挥了重要作用，成为推动全球经济复苏的重要引擎。党的十八大以来，中国经济实力再上新台阶，已成为世界经济增长的主要动力源和稳定器。如表 4－2 所示，从数据对比来看，1978 年，中国国内生产总值、人均国民总收入、货物进出口贸易总额、外商直接投资、对外直接投资、外汇储备等指标的世界排名为第11、175、29、128、45、38位，到了2016年，上述指标排名分别上升到第2、93、2、3、2、1位。如表4-3所示，2016年，中国国内生产总值、货物进出口贸易总额、外商直接投资、对外直接投资、外汇储备占世界比重分别达14.8%、11.5%、7.7%、12.6%、28.1%。从对世界经济增长的贡献率来看，1990年中国的贡献率仅为2.83%，但到了2016年则达到32.43%，居世界第一位，远高于位居第二的美国的14.57%，这充分说明中国已成为带动全球经济增长的龙头。中国发挥负责任大国作用，积极参与全球治理体系改革和建设，不断贡献中国智慧和力量，在国际经济体系中的地位和发言权不断提升。目前，中国在世界银行和国际货币基金组织的投票权份额分别达到5.7%、6%，均居第三位，仅次于美国和日本①。

表4-2　　中国主要经济指标居世界的位次

指标	1978年	1980年	1990年	2000年	2010年	2016年
国内生产总值	11	12	11	6	2	2
人均国民总收入	175 (188)	177 (188)	178 (200)	141 (207)	120 (215)	93 (217)
货物进出口贸易总额	29	26	16	8	2	2
出口额	31	30	15	7	1	1
进口额	29	22	18	8	2	2
外商直接投资	128	55	13	9	2	3
对外直接投资	45	63	23	35	5	2
外汇储备	38	36	9	2	1	1

注：上表中括号所列为参加排序的国家和地区数。
资料来源：国家统计局．国际统计年鉴（2017）．国家统计局网，2017.

表4-3　　中国主要经济指标占世界的比重（%）

指标	1978年	1980年	1990年	2000年	2010年	2016年
国内生产总值	1.8	1.7	1.6	3.6	9.3	14.8
货物进出口贸易总额	0.8	0.9	1.6	3.6	9.7	11.5

① http://finance.people.com.cn/GB/n1/2018/0423/c1004-29942506.html；http://world.people.com.cn/n1/2015/1221/c157278-27953425.html.

续前表

指标	1978 年	1980 年	1990 年	2000 年	2010 年	2016 年
出口额	0.8	0.9	1.8	3.9	10.3	13.2
进口额	0.8	1.0	1.5	3.3	9.0	9.8
外商直接投资		0.1	1.7	3.0	8.3	7.7
对外直接投资			0.3	0.1	5.0	12.6
外汇储备				8.6	30.7	28.1

资料来源：国家统计局．国际统计年鉴（2017）．国家统计局网，2017.

第二节　人民生活的改善

一、党和政府高度重视改善人民生活

实现好、维护好、发展好最广大人民的根本利益是党和国家一切工作的出发点和落脚点。改革开放以来，我们党高度重视民生问题，把改善人民生活作为重中之重，抓紧抓实。

贫穷不是社会主义，社会主义要消灭贫穷。1980 年，邓小平同志就曾明确指出："社会主义经济政策对不对，归根到底要看生产力是否发展，人民收入是否增加。这是压倒一切的标准。"① 1984 年，邓小平同志为中国人民描述了小康社会的前景："所谓小康，从国民生产总值来说，就是年人均达到八百美元。"② 1985 年 4 月 15 日，邓小平同志在会见坦桑尼亚副总统姆维尼时谈道："不发展生产力，不提高人民的生活水平，不能说是符合社会主义要求的。"③ 1992 年，邓小平同志在南方谈话中深刻指出："不坚持社会主义，不改革开放，不发展经济，不改善人民生活，只能是死路一条。"④ 为实现国家富强和人民幸福，邓小平同志还提出了"三步走"战略和共同富裕目标。

中国共产党代表着中国最广大人民的根本利益。满足人们日益增长的

① 邓小平．邓小平文选：第 2 卷．2 版．北京：人民出版社，1994：314.

② 邓小平．邓小平文选：第 3 卷．北京：人民出版社，1993：64.

③ 同②16.

④ 中共中央文献研究室．十三大以来重要文献选编：下．北京：人民出版社，1993：1852.

物质文化生活需要，提高人民生活水平，是党和国家各项工作的根本出发点。2000 年，江泽民同志在东北三省党的建设和“十五”期间经济社会发展座谈会上指出：“把人民群众的利益实现好、维护好、发展好，这是正确处理改革、发展、稳定关系的结合点。”“要按照全面建设小康社会并加快推进现代化的要求，把提高人民收入水平和生活质量提到重要位置，保证人民更好地安居乐业。”① 2002 年，江泽民同志在党的十六大报告中指出：“发展经济的根本目的是提高全国人民的生活水平和质量。”②

科学发展，必须坚持以人为本。2003 年，胡锦涛同志指出，实现全面建设小康社会的一个宏伟目标，就是要使“人民生活更加殷实”③。2007 年，胡锦涛同志在党的十七大报告中指出：“要始终把实现好、维护好、发展好最广大人民的根本利益作为党和国家一切工作的出发点和落脚点，尊重人民主体地位，发挥人民首创精神，保障人民各项权益，走共同富裕道路，促进人的全面发展，做到发展为了人民、发展依靠人民、发展成果由人民共享。”

“小康不小康，关键看老乡。”不断提高人民生活质量和水平，也是全面建成小康社会的根本目的。党的十八大以来，以习近平同志为核心的党中央坚持以人民为中心，抓住人民最关心最直接最现实的利益问题，不断实现好、维护好、发展好最广大人民的根本利益，努力使全体人民学有所教、劳有所得、病有所医、老有所养、住有所居。2012 年 11 月 15 日，刚刚当选中共中央总书记的习近平同志在同中外记者见面时，深情地谈道：我们的人民热爱生活，期盼有更好的教育、更稳定的工作、更满意的收入、更可靠的社会保障、更高水平的医疗卫生服务、更舒适的居住条件、更优美的环境，期盼孩子们能成长得更好、工作得更好、生活得更好。人民对美好生活的向往，就是我们的奋斗目标④。2016 年 7 月 1 日，习近平同志在庆祝中国共产党成立 95 周年大会上指出：“带领人民创造幸福生活，是我们党始终不渝的奋斗目标。”2017 年 10 月 18 日，习近平同志在党的

---

① 江泽民在东北三省党的建设和“十五”期间经济社会发展座谈会上做重要讲话. 人民网，2000-08-28.

② 中共中央文献研究室. 十六大以来重要文献选编：上. 北京：中央文献出版社，2005：23.

③ 同②483.

④ 中共中央文献研究室. 十八大以来重要文献选编：上. 北京：中央文献出版社，2014：70.

十九大报告中提出了“决胜全面建成小康社会，夺取新时代中国特色社会主义伟大胜利”的伟大号召。根据十九大报告，从现在到2020年，是全面建成小康社会决胜期。这里的小康社会，重要特征之一就是人民生活更加殷实。可以说，党的十九大报告为满足人民日益增长的美好生活需要、提高人民生活水平、实现全体人民共同富裕描绘了新的蓝图。

二、居民收入水平不断提高

改革开放以来，随着经济发展水平的提高，我国居民收入水平也随之不断提高。(1) 全国居民人均可支配收入。该指标自2013年首次被采用以来，数据处于不断上升的状态，从2013年的18 311元增至2017年的25 974元，5年间的年增长率平均水平为9.1%（见表4-4)。从指标构成来看，工资性收入是全国居民人均可支配收入的主要来源。以2016年为例，当年工资性收入为13 455.2元，占人均可支配收入的56.5%，经营净收入、财产净收入、转移净收入的占比分别为17.7%、7.9%、17.9%。(2) 城镇居民人均可支配收入。1985—2017年，我国城镇居民人均可支配收入由739.1元增至36 396元，增长了48倍多（见表4-5)。从指标构成来看，工资性收入是城镇居民人均可支配收入的主要来源。以2016年为例，当年工资性收入占城镇居民人均可支配收入的61.5%，经营净收入、财产净收入、转移净收入的占比分别为11.2%、9.7%、17.6%。(3) 农村居民人均纯收入。1978—2017年，我国农村居民人均纯收入由133.6元增至13 432.4元，增长了近100倍（见表4-6)。从指标构成来看，工资性收入和经营净收入是农村居民人均纯收入的主要来源。以2016年为例，当年工资性收入和经营净收入分别占农村居民人均纯收入的40.6%和38.3%，财产净收入、转移净收入的占比分别为2.2%、18.8%。

表4-4　2013—2017年我国居民人均可支配收入及年增长率

年份	2013	2014	2015	2016	2017
全国居民人均可支配收入（元）	18 311	20 167	21 966	23 821	25 974
年增长率（%）	—	10.1	8.9	8.4	9.0

资料来源：国家统计局．中国统计年鉴（2017)．北京：中国统计出版社，2017；国家统计局．中华人民共和国2017年国民经济和社会发展统计公报．国家统计局网，2018-02-28.

表 4-5　　1985—2017 年我国城镇居民人均可支配收入

年份	1985	1990	2000	2010	2017
城镇居民人均可支配收入（元）	739.1	1 510.2	6 280.0	19 109.4	36 396.2

资料来源：根据历年《中国统计年鉴》和《中华人民共和国 2017 年国民经济和社会发展统计公报》计算。

表 4-6　　1978—2017 年我国农村居民人均纯收入

年份	1978	1990	2000	2010	2017
农村居民人均纯收入（元）	133.6	686.3	2 253.4	5 919.0	13 432.4

资料来源：根据历年《中国统计年鉴》和《中华人民共和国 2017 年国民经济和社会发展统计公报》计算。

三、扶贫攻坚成效显著

消除贫困，改善民生，实现共同富裕，是社会主义的本质要求。改革开放以来，党和政府把扶贫攻坚作为一项重要的工作来抓。20 世纪 80 年代，我国在全国范围内开展了有组织、有计划、大规模的扶贫工作，增加了扶贫投入，制定了一系列扶持政策。1994 年，国务院印发《国家八七扶贫攻坚计划（1994—2000 年）》，这是 20 世纪末我国扶贫开发工作的纲领性文件。该计划分析了当时我国扶贫开发工作的形势，提出了到 21 世纪末解决贫困人口问题的标准，“绝大多数贫困户年人均纯收入达到 500 元以上（按 1990 的不变价格）”，“扶持贫困户创造稳定解决温饱的基础条件”。2001 年 6 月，在全国农村贫困人口的温饱问题已经基本解决的情况下，国务院印发实施《中国农村扶贫开发纲要（2001—2010 年）》，确定了我国 2001—2010 年扶贫开发总的奋斗目标是：“尽快解决少数贫困人口温饱问题，进一步改善贫困地区的基本生产生活条件，巩固温饱成果，提高贫困人口的生活质量和综合素质，加强贫困乡村的基础设施建设，改善生态环境，逐步改变贫困地区经济、社会、文化的落后状况，为达到小康水平创造条件。”2011 年 12 月，中共中央、国务院印发实施《中国农村扶贫开发纲要（2011—2020 年）》，制定了“到 2020 年，稳定实现扶贫对象不愁吃、不愁穿，保障其义务教育、基本医疗和住房。贫困地区农民人均纯收入增长幅度高于全国平均水平，基本公共服务主要领域指标接近全国平均水平，扭转发展差距扩大趋势”的总目标。党的十八大以来，我们党充分认识到打赢脱贫攻坚战的艰巨性，切实将扶贫开发工作摆到更加重要、更为突出的位置，坚持精准扶贫、精准脱贫，扎实推进农村扶贫开发工作。2016 年 11 月，国务院印发实施的《"十三五"脱贫攻坚规划》提出的脱贫目标是：到 2020 年，稳定实现现行标准下农村贫困人口不愁吃、不愁穿，义务教育、基本医疗和住房安全有保障（以下称"两不愁、三保障"）。贫困地区农民人均可支配收入比 2010 年翻一番以上，增长幅度高于全国平均水平，基本公共服务主要领域指标接近全国平均水平。确保我国现行标准下农村贫困人口实现脱贫，贫困县全部摘帽，解决区域性整体贫困。从实际成效来看，若按 2010 年标准，即现行农村贫困标准——每人每年 2 300 元（2010 年不变价）——1978 年我国农村贫困人口为 77 039 万，贫困发生率为 97.5%；2016 年我国农村贫困人口为 4 335 万，贫困发生率降至 4.5%①。

四、社会保障体系不断健全

社会保障是民生安全网、社会稳定器，关系人民生活幸福和国家长治久安。改革开放以来，我国着力加强社会保障制度建设，不断扩大社会保障覆盖范围，稳步提高各项社会保障待遇水平，取得社会保障事业的显著成就。主要体现在：(1) 城乡社会保障体系框架基本建立。覆盖城镇职工和城乡居民的基本养老保险和基本医疗保险，以及覆盖职业人群的工伤、失业和生育保险制度已经建立并不断完善。(2) 社会保障范围不断扩大。社会保险覆盖范围从城镇扩大到乡村，从国有企业扩大到各类企业，从就业群体扩大到非就业群体。2017 年，全国参加城镇职工基本养老保险的有 40 199 万人，参加城乡居民基本养老保险的有 51 255 万人，参加基本医疗保险的有 117 664 万人。全国共有 1 264 万人享受城市居民最低生活保障，4 047 万人享受农村居民最低生活保障，467 万人享受农村特困人员救助供养。(3) 社会保障水平稳步提高。企业退休人员基本养老金、城镇职工和城乡居民医疗保险住院费用报销比例，失业、工伤、生育保险待遇水平等均有了很大提高。(4) 公共服务体系不断健全。以便民利民为原则，借助

① 国家统计局．中国统计年鉴（2017）．北京：中国统计出版社，2017．

信息化、科技化、数字化手段，加快推进公共服务信息化建设和服务平台建设，优化、简化经办服务流程，不断提升公共服务水平和群众满意度。

第三节　城镇化的稳步推进

城镇化是伴随工业化发展、非农产业在城镇集聚、农村人口向城镇集中的自然历史过程，是人类社会发展的客观趋势，是国家现代化的重要标志。积极稳妥、扎实有序地推进城镇化是解决农业、农村、农民问题的重要途径，是推动区域协调发展的有力支撑，是扩大内需和加快产业结构转型升级的重要抓手，是提高人民生活水平和推动供给侧结构性改革的重要举措，对全面建成小康社会、加快推进社会主义现代化具有重大现实意义和深远历史意义。

一、我国城镇化发展的动力

改革开放以来，伴随着工业化进程加速，我国城镇化进程积极稳妥推进。从实践来看，城镇化发展的动力主要来自三个方面。

一是农业剩余劳动力的出现。在改革开放初期，随着家庭联产承包责任制的推行，农业劳动生产率大幅提高，农村逐渐出现剩余劳动力，从而为农业人口向城镇转移提供了可能。农村剩余劳动力可以分为两类：一类是仍然依靠农业生产活动获得收入，只是在农闲季节可以从事临时性非农业活动的剩余劳动力，这类剩余劳动力以中年农民为主，他们可以利用农闲时间在农村从事非农业生产活动，也可以就近在周边城镇从事非农业活动。另一类是基本脱离农业生产活动的剩余劳动力，由于农业劳动生产率的提高，他们如果继续从事农业生产活动，将难以获得更高的边际收益，因此只能向非农业领域转移。这类剩余劳动力以青壮年农民为主，他们主要向城镇甚至大城市流动，绝大部分时间从事非农业生产活动（当然，在农忙季节也有可能回乡帮忙）。早在 1984 年，中央就已经认识到农村人口向非农领域的流动，“随着农村分工分业的发展，将有越来越多的人脱离耕地经营，从事林牧渔等生产，并将有较大部分转入小工业和小集镇服务业”，并对这种现象给予了肯定，“这是一个必然的历史性进步”①。

二是城市的发展。改革开放以来，我国经历了世界历史上规模最大、速度最快的城镇化进程，城市发展取得了举世瞩目的成就。20 世纪 80 年代，我国对城市发展确立了严格控制大城市规模、合理发展中等城市和小城市的方针。从实际效果来看，我国大中小城市都经历了日新月异的发展，大城市，尤其是“北上广深”等一线城市集中了丰富的资源，且工商业发达，对劳动力的需求旺盛，因而吸引了很多农村剩余劳动力；中小城市在建设过程中不仅在批发零售、餐饮等行业释放了大量的劳动力需求，而且空间规模不断扩大，逐步向近郊甚至部分向农村地区扩展，加速了城镇化的进程。

三是乡镇企业的异军突起。乡镇企业是以农村集体经济组织或者农民投资为主，在乡镇（包括所辖村）举办的承担支援农业义务的各类企业。邓小平同志曾高度评价乡镇企业的重要作用，指出：“乡镇企业的发展，主要是工业，还包括其他行业，解决了占农村剩余劳动力百分之五十的人的出路问题。农民不往城市跑，而是建设大批小型新型乡镇。”② 实践证明，改革开放以来，在“积极扶持、合理规划、分类指导、依法管理”的政策推动下，我国乡镇企业迅猛发展，已成为农村经济的主体力量和国民经济的一大支柱，不仅为转移农村富余劳动力、增加农民收入、增加社会有效供给、促进国民经济和社会事业发展做出了积极贡献，而且对于打破城乡二元结构、实现城乡一体化发展、推动我国改革开放进程具有重要意义。

二、我国城镇化的主要成就

1980 年 12 月，国务院批转《全国城市规划工作会议纪要》。该纪要针对长期以来“大城市规模失去控制，小城镇没有得到应有的发展”的问题，提出要积极发展小城市，认为依托小城镇发展经济，有利于生产力的合理布局，有利于就地吸收农业剩余劳动力。1984 年 1 月，中央一号文件

① 中共中央文献研究室，国务院发展研究中心．新时期农业和农村工作重要文献选编．北京：中央文献出版社，1992：232-233.

② 邓小平．邓小平文选：第 3 卷．北京：人民出版社，1993：238.

《中共中央关于一九八四年农村工作的通知》规定："一九八四年，各省、自治区、直辖市可选若干集镇进行试点，允许务工、经商、办服务业的农民自理口粮到集镇落户。"① 1984年10月，国务院发布《关于农民进入集镇落户问题的通知》，要求各级人民政府应积极支持有经营能力和有技术专长的农民进入集镇经营工商业，对符合条件的准予落常住户口②。20世纪90年代初，为推动城市化进程，合理发展中等城市和小城市，我国调整了设市标准，使城镇数量进一步上升。1998年10月，党的十五届三中全会通过的《中共中央关于农业和农村工作若干重大问题的决定》指出，"发展小城镇，是带动农村经济和社会发展的一个大战略"，"要制定和完善促进小城镇健康发展的政策措施，进一步改革小城镇户籍管理制度"③。2002年，党的十六大明确提出要加快城镇化进程，强调要"逐步提高城镇化水平，坚持大中小城市和小城镇协调发展，走中国特色的城镇化道路"，"消除不利于城镇化发展的体制和政策障碍，引导农村劳动力合理有序流动"④。2007年，党的十七大指出要"走中国特色城镇化道路，按照统筹城乡、布局合理、节约土地、功能完善、以大带小的原则，促进大中小城市和小城镇协调发展"⑤。党的十八大以来，以习近平同志为核心的党中央坚持以人为本，推进以人为核心的城镇化建设，着力提高城镇人口素质和居民生活质量。2013年，中央城镇化工作会议提出了城镇化的六大主要任务，即推进农业转移人口市民化、提高城镇建设用地利用效率、建立多元可持续的资金保障机制、优化城镇化布局和形态、提高城镇建设水平、加强对城镇化的管理。2014年，《国家新型城镇化规划（2014—2020年）》正式发布，强调要走中国特色新型城镇化道路、全面提高城镇化质量，并明确了未来城镇化的发展路径、主要目标和战略任务。

经过40年的发展，我国城镇化水平已经达到新的高度。如表4-7所

---

① 中共中央文献研究室，国务院发展研究中心. 新时期农业和农村工作重要文献选编. 北京：中央文献出版社，1992：234.

② 国务院关于农民进入集镇落户问题的通知. 中国政府网，2016-10-20.

③ 中共中央文献研究室. 十五大以来重要文献选编：上. 北京：人民出版社，2000：569，570.

④ 中共中央文献研究室. 十六大以来重要文献选编：上. 北京：中央文献出版社，2005：18.

⑤ 中共中央文献研究室. 十七大以来重要文献选编：上. 北京：中央文献出版社，2009：19.

示，1978 年，我国城镇常住人口为 17 245 万，城镇化率为 17.92%；到了 2017 年，我国城镇常住人口达 81 347 万，是 1978 年的 4.72 倍，城镇化率达 58.52%；比 1978 年提高了 40.6%。

表 4-7　　改革开放以来我国城镇人口和城镇化率

年份	年末总人口（万）	城镇人口（万）	城镇化率（%）	年份	年末总人口（万）	城镇人口（万）	城镇化率（%）
1978	96 259	17 245	17.92	1998	124 761	41 608	33.35
1979	97 542	18 495	18.96	1999	125 786	43 748	34.78
1980	98 705	19 140	19.39	2000	126 743	45 906	36.22
1981	100 072	20 171	20.16	2001	127 627	48 064	37.66
1982	101 654	21 480	21.13	2002	128 453	50 212	39.09
1983	103 008	22 274	21.62	2003	129 227	52 376	40.53
1984	104 357	24 017	23.01	2004	129 988	54 283	41.76
1985	105 851	25 094	23.71	2005	130 756	56 212	42.99
1986	107 507	26 366	24.52	2006	131 448	58 288	44.34
1987	109 300	27 674	25.32	2007	132 129	60 633	45.89
1988	111 026	28 661	25.81	2008	132 802	62 403	46.99
1989	112 704	29 540	26.21	2009	133 450	64 512	48.34
1990	114 333	30 195	26.41	2010	134 091	66 978	49.95
1991	115 823	31 203	26.94	2011	134 735	69 079	51.27
1992	117 171	32 175	27.46	2012	135 404	71 182	52.57
1993	118 517	33 173	27.99	2013	136 072	73 111	53.73
1994	119 850	34 169	28.51	2014	136 782	74 916	54.77
1995	121 121	35 174	29.04	2015	137 462	77 116	56.10
1996	122 389	37 304	30.48	2016	138 271	79 298	57.35
1997	123 626	39 449	31.91	2017	139 008	81 347	58.52

资料来源：国家统计局．中国统计年鉴（2017）．北京：中国统计出版社，2017；国家统计局．中华人民共和国 2017 年国民经济和社会发展统计公报．国家统计局网，2018-02-28.

第四节　区域发展协调性的增强

一、着力增强区域发展的协调性

区域发展不平衡、不协调是长期以来我国经济发展的基本情况。改革开放以来，党和国家高度重视区域协调发展问题。1988 年 9 月，邓小平同志在听取关于价格和工资改革初步方案汇报时指出："沿海地区要加快对外开放，使这个拥有两亿人口的广大地带较快地先发展起来，从而带动内地更好地发展，这是一个事关大局的问题。内地要顾全这个大局。反过来，发展到一定的时候，又要求沿海拿出更多力量来帮助内地发展，这也是个大局。那时沿海也要服从这个大局。"① 这是邓小平同志首次明确提出"两个大局"的战略构想，也是改革开放后我国关于东部沿海地区和内地协调发展的指导思想。1995 年，江泽民同志在论述正确处理社会主义现代化建设中的若干重大关系时，深入阐述了东部地区和中西部地区的关系问题，并指出："解决地区发展差距，坚持区域经济协调发展，是今后改革和发展的一项战略任务。从'九五'计划开始，要更加重视支持中西部地区经济发展，逐步加大解决地区差距继续扩大趋势的力度，积极朝着缩小差距的方向努力。"② 科学发展，必须全面协调可持续。2007 年，胡锦涛同志在主持中共中央政治局第三十九次集体学习时指出："促进区域协调发展，是改革开放和社会主义现代化建设的战略任务，也是全面建设小康社会、构建社会主义和谐社会的必然要求。"③ 并强调："要牢固树立科学发展、和谐发展的理念，在深入调查研究的基础上，制定科学的区域规划和区域政策，加强对区域发展的协调和指导。"④ 这些都体现了我们对协调发展认识的不断深化。党的十八大以来，以习近平同志为核心的党中央牢牢把握中国特色社会主义事业总体布局，提出了包括协调发展在内的新发展理念，努力塑造要素有序自由流动、主体功能约束有效、基本公共服务均等、资源环境可承载的区域协调发展新格局。2017 年，习近平同志在党的十九大报告中提出要"实施区域协调发展战略"，"建立更加有效的区域协调发展新机制"，这是新时代我国区域协调发展的战略部署，也为新时代解决人民日益增长的美好生活需要和不平衡不充分的发展之间的矛盾提供了重要着力点。

---

① 邓小平．邓小平文选：第 3 卷．北京：人民出版社，1993：277-278.
② 江泽民．江泽民文选：第 1 卷．北京：人民出版社，2006：466.
③ 胡锦涛．胡锦涛文选：第 2 卷．北京：人民出版社，2016：570.
④ 同③574.

二、深入实施区域发展总体战略

改革开放以来，我们形成了西部开发、东北振兴、中部崛起和东部率先的区域总体发展战略，创新区域发展政策，完善区域发展机制，促进区域协调、协同、共同发展，努力缩小区域发展差距。

深入推进西部大开发。西部大开发是党中央贯彻邓小平同志关于我国现代化建设“两个大局”战略思想做出的重大决策，是进行经济结构战略性调整，促进地区经济协调发展的重大部署；是扩大国内需求，促进国民经济持续快速健康发展的重大举措；是增进民族团结，保持社会稳定和巩固边防的根本保证；是逐步缩小地区差距，最终实现共同富裕的必然要求。1999 年 11 月召开的中央经济工作会议提出要实施西部大开发战略，并指出，西部大开发是一项宏大的工程，必须统筹规划，突出重点，有步骤、分阶段地实施。自西部大开发战略实施以来，有关部门和地区认真落实党中央的决策部署，取得了显著成效：将基础设施建设放在优先位置，在西部地区加快构建现代化基础设施体系；以重点经济区的培育壮大和老少边穷地区的脱贫致富为抓手，推动西部重点区域发展；发展特色优势产业，努力推动新产业和新业态；坚持以工促农、以城带乡，促进西部地区城乡统筹和社会事业发展；着力抓好生态建设环境保护，巩固西部地区国家生态安全屏障。

大力推动东北地区等老工业基地振兴。老工业基地是新中国工业的摇篮，为改革开放和现代化建设做出了历史性的重大贡献。随着改革开放的不断深入，老工业基地的体制性、结构性矛盾日益显现，面临着市场化程度低、所有制结构较为单一、产业结构调整缓慢等诸多困难。加快东北地区等老工业基地振兴，对于促进地区经济社会协调发展、推进国有经济结构的战略性调整、提高我国产业和企业的国际竞争力、维护社会稳定和保障国防安全等具有重要意义。2003 年，中共中央、国务院做出实施东北地区等老工业基地振兴战略的重大决策，采取一系列支持、帮助、推动振兴发展的专门措施。近年来，东北老工业基地振兴取得明显成效和阶段性成果，经济总量迈上新台阶，结构调整扎实推进，国有企业竞争力增强，重大装备研制走在全国前列，粮食综合生产能力显著提高，社会事业蓬勃发展，民生有了明显改善。2016 年，《中共中央　国务院关于全面振兴东北地区等老工业基地的若干意见》正式发布，从完善体制机制、推进结构调整、鼓励创新创业、保障和改善民生、抓好组织落实等方面对全面振兴东北地区等老工业基地进行了新的部署①。

促进中部地区崛起。中部地区包括山西、河南、湖北、湖南、安徽和江西六个省份，是我国新阶段总体发展战略布局的重要组成部分，对于形成东中西互动、优势互补、相互促进、共同发展的新格局具有重要意义。2006 年，党中央、国务院做出了关于促进中部地区崛起的战略决策。近年来，在党中央、国务院的正确领导下，在国家各有关部门的大力支持下，特别是在中部六省干部群众的共同努力下，中部地区经济社会发展取得显著成就。一是经济综合实力迈上新台阶。经济总量占全国的比重位居四大板块的第二。二是“三基地、一枢纽”，即粮食生产基地、能源原材料基地、现代装备制造及高技术产业基地和综合交通运输枢纽地位日益巩固。三是新型城镇化步伐加快。2006—2015 年，中部地区城镇化率由 36.5%提高到 51.2%，新增 5 000 万人到城市居住生活。四是人民生活水平大幅提高。中部地区城乡居民人均可支配收入与全国平均水平的相对差距有所缩小。五是生态环境质量总体改善。大江大河治理取得积极进展，生态补偿体制机制创新迈出新步伐，环境污染防治积极推进。六是全方位开放格局基本形成。开放型经济加快发展，打造形成了一批双向开放的平台②。

支持东部地区率先发展。东部地区，包括北京、天津、河北、上海、江苏、浙江、福建、山东、广东和海南十省市，是我国实力最强、发展最快、发展质量和效益相对较好的地区，也是我国改革开放的“领头雁”，承担着为全国引路、试验的任务。东部地区的率先发展在促进区域协调发展和推动国家经济又好又快发展中起着至关重要的作用。改革开放初期，东部地区利用区位优势，通过发展乡镇企业、劳动密集型产业和外向型经

① 中共中央国务院关于全面振兴东北地区等老工业基地的若干意见. 中国政府网，2016-04-26.

② 《促进中部地区崛起规划〈2016 至 2025 年〉》政策解读. 国务院新闻办公室网，2016-12-09.

济，加快发展，在改革开放和现代化建设中走在全国前列。进入 21 世纪，面对新挑战，东部地区积极推进产业结构和社会经济体制转型，率先提高自主创新能力，率先实现经济结构优化升级和增长方式转变，率先完善社会主义市场经济体制，并在率先发展和改革中带动帮助中西部地区发展。党的十八大以来，党中央继续支持并高度关注东部地区率先发展，更好发挥东部地区对全国发展的支撑引领作用，增强其辐射带动能力。

三、全力推动实施区域发展重大战略

推动京津冀协同发展。京津冀地区是我国政治、经济、文化发展的重要地区。2016 年，京津冀地区人口达 1.12 亿，占全国总人口的 8.1%；土地面积达 21.6 万平方公里，占全国总面积的 2.25%；地区生产总值达 75 624.97 亿元，占全国经济总量的 10.16%。实现京津冀协同发展，是未来打造新的首都经济圈、推进区域发展体制机制创新的需要，是探索完善城市群布局和形态、为优化开发区域发展提供示范和样板的需要，是探索生态文明建设有效路径、促进人口经济资源环境相协调的需要，是实现京津冀优势互补、促进环渤海经济区发展、带动北方腹地发展的需要，是一个重大国家战略①。推动京津冀协同发展的主要措施包括有序疏解北京非首都功能、优化空间格局和功能定位、构建一体化现代交通网络、扩大环境容量和生态空间、推动公共服务共建共享。2017 年 4 月 1 日，中共中央、国务院决定设立河北雄安新区。雄安新区地处北京、天津、保定腹地，区位优势明显、交通便捷通畅、生态环境优良、资源环境承载能力较强。设立雄安新区对于调整优化京津冀城市布局和空间结构、推动京津冀协同发展具有重大现实意义和深远历史意义。

推进长江经济带发展。长江经济带覆盖上海、江苏、浙江、安徽、江西、湖北、湖南、重庆、四川、云南、贵州 11 省市，面积约 205 万平方公里，占全国的 21%，人口和经济总量均超过全国的 40%，生态地位重要、综合实力较强、发展潜力巨大。2016 年 1 月 5 日，习近平同志在重庆召开推动长江经济带发展座谈会时强调，推动长江经济带发展必须从中华民族

① 习近平就推进京津冀协同发展提出 7 点要求. 人民网，2014-02-07.

长远利益考虑，走生态优先、绿色发展之路，使绿水青山产生巨大生态效益、经济效益、社会效益，使母亲河永葆生机活力。为推进长江经济带发展，中央和有关地方扎实开展工作。2016 年 5 月 30 日，党中央、国务院印发《长江经济带发展规划纲要》，明确了长江经济带发展的战略定位、主要目标和重点任务。在纲要的统筹规划下，沿江地区坚持生态优先、绿色发展，加快绿色生态廊道建设，积极建设综合立体交通走廊，优化沿江城镇和产业布局，积极培育发展新动能，在经济社会发展质量和效益方面取得显著成效。

扶持特殊类型地区发展。改革开放来，我国采取更加倾斜的政策，加大对革命老区、民族地区、边疆地区和困难地区等特殊类型地区的支持力度，主要措施包括：增加扶贫开发的财政资金投入和调整项目布局，鼓励引导社会资金投向特殊类型地区建设；加快教育、医疗卫生、公共文化、社会保障等事业的发展，以更高标准、更大力度保障特殊类型地区民生；加大产业培育扶持力度，着力培育对群众增收带动性强的优势产业和特色经济；全面打响脱贫攻坚战，加强对口支援和对口帮扶工作；实施边远贫困地区、边疆民族地区和革命老区人才支持计划，为特殊类型地区发展提供智力支持。

第五章　产业结构的优化与升级

社会主义经济建设的过程也是产业结构不断优化与升级的过程。改革开放以来，我国大力推动产业结构优化升级，积极转变经济发展方式，着力构建现代产业体系，努力促进经济发展的质量变革、效率变革和动力变革。

第一节　我国对产业结构调整的政策引导

产业在《辞海》中的解释为“各种生产、经营事业”。1957 年，科林·克拉克（Colin Clack）在《经济进步的条件（第三版）》中，把国民经济结构明确地划分为三大部门，第一大部门以农业为主，第二大部门以制造业和采矿业为主，第三大部门则是服务业，包括建筑业、运输业、通信业、商业、金融业、专业性服务和个人生活服务、政府行政事务服务、军队等。此后，又有不少经济学家对产业进行了不同的分类。由于三次产业划分法便于研究和分析产业结构变动的规律，因而逐渐被广泛地认同，目前已成为各国和地区普遍采用的产业分类法。为及时反映中国三次产业的发展情况，满足国民经济核算、服务业统计及其他统计调查对三次产业划分的需求，2003 年国家统计局根据《国民经济行业分类》(GB/T 4754—2002)，印发《三次产业划分规定》，对三次产业划分范围进行了规定。2012 年，由于国家质检总局和国家标准委颁布了《国民经济行业分类》(GB/T 4754—2011)，国家统计局再次对 2003 年《三次产业划分规定》进行了修订。根据修订后的规定，三次产业的范围如下①：第一产业是指农、林、牧、渔业（不含农、林、牧、渔服务业）。第二产业是指采矿业（不含开采辅助活动），制造业（不含金属制品、机械和设备修理业），电力、热力、燃气及水生产和供应业，建筑业。第三产业即服务业，是指除第一产业、第二产业以外的其他行业。第三产业包括：批发和零售业，交通运输、仓储和邮政业，住宿和餐饮业，信息传输、软件和信息技术服务业，金融业，房地产业，租赁和商务服务业，科学研究和技术服务业，水利、环境和公共设施管理业，居民服务、修理和其他服务业，教育，卫生和社会工作，文化、体育和娱乐业，公共管理、社会保障和社会组织，国际组织，以及农、林、牧、渔业中的农、林、牧、渔服务业，采矿业中的开采辅助活动，制造业中的金属制品、机械和设备修理业。

产业结构是指各产业在国民经济中所占的比例和结构。在改革开放之初，我们党就认识到长期计划经济体制所带来的产业结构失衡的问题。1980 年，邓小平同志指出："我们过去长期搞计划，有一个很大的缺点，就是没有安排好各种比例关系。农业和工业比例失调，农林牧副渔之间和轻重工业之间比例失调，煤电油运和其他工业比例失调，'骨头'和'肉'(就是工业和住宅建设、交通市政建设、商业服务业建设等）比例失调，积累和消费比例失调。"② 为扭转这一局面，改革开放以来，我国把调整和优化产业结构作为社会主义经济建设的重要工作来抓。1989 年发布的《国务院关于当前产业政策要点的决定》，确定了制定产业政策的原则，包括：贯彻治理经济环境、整顿经济秩序、全面深化改革的方针；压缩

① 三次产业划分规定. 国家统计局网，2013-01-14.

② 邓小平. 邓小平文选：第 2 卷. 2 版. 北京：人民出版社，1994：250.

和控制长线产品的生产和建设，增加和扩大短线产品的生产和建设；安排好产业发展序列并制定相关的各项政策；长远与近期结合、以近期为主的原则；产业政策的制定权在国务院；产业政策的实施，要运用经济的、行政的、法律的和纪律的手段，同时加强思想政治工作。该决定明确了生产领域、基本建设领域、技术改造领域、对外贸易领域的产业发展序列。

经过改革开放初期的调整，我国的产业结构和产业比例关系逐渐恢复到正确的轨道上来，但是总体来说，第二产业和第三产业的发展仍然比较落后。为此，1992 年党的十四大强调要调整和优化产业结构，基本思路是“根据我国经济的现实情况和发展趋向，应当着力提高第一产业即农业的质量，稳步增加产量；继续发展第二产业，积极调整工业结构；大力促进第三产业的兴起”①。这其实就是要求在稳定第一产业的基础上，大力发展第二产业和第三产业。1994 年，国务院第十六次常务会议审议通过《九十年代国家产业政策纲要》，确立了 90 年代国家产业政策要解决的重要课题，即：不断强化农业的基础地位，全面发展农村经济；大力加强基础产业，努力缓解基础设施和基础工业严重滞后的局面；加快发展支柱产业，带动国民经济的全面振兴；合理调整对外经济贸易结构，增强我国产业的国际竞争能力；加快高新技术产业发展的步伐，支持新兴产业的发展和新产品开发；继续大力发展第三产业。同时，要优化产业组织结构，提高产业技术水平，使产业布局更加合理②。

在新科技革命的推动下，科学技术与各产业的结合更为紧密，也为产业发展带来了更多的技术因素。为抢占科技发展的制高点，推动高新技术产业发展，进一步优化产业结构，2002 年党的十六大提出要“推进产业结构优化升级，形成以高新技术产业为先导、基础产业和制造业为支撑、服务业全面发展的产业格局”③。这里强调了发展高新技术产业的重要意义。为引导社会投资，促进产业结构优化升级，2005 年国务院发布《促进产业

① 中共中央文献研究室．十四大以来重要文献选编：上．北京：人民出版社，1996：23.

② 同①753.

③ 中共中央文献研究室．十六大以来重要文献选编：上．北京：中央文献出版社，2005：16-17.

结构调整暂行规定》，明确了产业结构调整的方向和重点。作为该规定的配套文件，《产业结构调整指导目录（2005 年本）》经国务院批准发布，该目录给出了鼓励类、限制类、淘汰类三类产业的名单，为引导投资方向，政府管理投资项目，制定和实施财税、信贷、土地、进出口等政策提供了重要依据。该目录此后经历了多次修改，以符合我国产业结构调整的实时状况。2007 年，党的十七大提出要发展现代产业体系，主要措施包括：大力推进信息化与工业化融合，促进工业由大变强，振兴装备制造业，淘汰落后生产能力；提升高新技术产业，发展信息、生物、新材料、航空航天、海洋等产业；发展现代服务业，提高服务业比重和水平；加强基础产业基础设施建设，加快发展现代能源产业和综合运输体系[①]。

党的十八大以来，以习近平同志为核心的党中央正确认识和积极顺应中国和世界发展大势，立足提高质量和效益，积极推进产业结构优化升级。2012 年 12 月，习近平同志在广东考察工作时指出："大力推进产业结构优化升级，要从实际出发，着眼于全球产业发展和变革大趋势，瞄准世界产业发展制高点，以提高技术含量、延长产业价值链、增加附加值、增强竞争力为重点，发展战略性新兴产业，发展先进制造业，发展以生产性服务业为重点的现代服务业，推动工业化和信息化深度融合，尽快形成结构优化、功能完善、附加值高、竞争力强的现代产业体系。抓这件事情，就抓住了转变经济发展方式的关键。"这为新时代我们如何推进产业结构优化升级指明了方向。与此同时，我们也要看到，随着我国经济进入新常态，产业结构调整所面临的困难和压力比以往更大。怎么办？党中央审时度势，敏锐提出要进行供给侧结构性改革。2015 年 11 月 10 日，习近平同志在主持召开中央财经领导小组第十一次会议时强调，要"着力加强供给侧结构性改革，着力提高供给体系质量和效率，增强经济持续增长动力，推动我国社会生产力水平实现整体跃升"[②]。推进供给侧结构性改革，是适应和引领经济发展新常态的重大创新，是适应国际金融危机发生后综合国

① 中共中央文献研究室．十七大以来重要文献选编：上．北京：中央文献出版社，2009：18.

② 习近平主持召开中央财经领导小组第十一次会议．中国政府网，2015-11-10.

力竞争新形势的主动选择，是适应我国经济发展新常态的必然要求[①]。供给侧结构性改革，重点是要解放和发展社会生产力，用改革的办法推进结构调整，减少无效和低端供给，扩大有效和中高端供给，增强供给结构对需求变化的适应性和灵活性，提高全要素生产率[②]，其目的是满足需求，主攻方向是提高供给质量，根本途径是深化改革。近年来，我们坚持稳中求进工作总基调，坚持宏观政策要稳、产业政策要准、微观政策要活、改革政策要实、社会政策要托底的政策思路，以"去产能、去库存、去杠杆、降成本、补短板"为抓手，为产业机构的优化升级和经济的持续健康发展提供了新的动力。2017 年，党的十九大提出，建设现代化经济体系必须以供给侧结构性改革为主线，推动经济发展质量变革、效率变革、动力变革，提高全要素生产率，着力加快建设实体经济、科技创新、现代金融、人力资源协同发展的产业体系[③]。党的十九大关于建设产业体系的论述，是适应世界经济变革和产业变动趋势所做出的重要论断，对于引导新时代产业结构优化升级、加快构建现代化经济体系具有重要意义。

第二节　我国产业结构的变化趋势

根据配第-克拉克定律，随着经济的发展，一国第一产业的国民收入和就业比重逐步下降，第二产业的国民收入和就业比重开始上升，随着经济的进一步发展，第三产业的国民收入和就业比重也开始上升，也就是产业结构从以第一产业为主依次向以第二产业、第三产业为主转变。改革开放以来，我国在经济发展过程中不断加大产业结构调整力度，推进产业结构优化升级，推动了国民经济由工农业为主向第一、二、三产业协同发展的转变。

---

① 中央经济工作会议在北京举行　习近平李克强作重要讲话. 中国政府网，2015-11-21.

② 习近平在省部级主要领导干部学习贯彻党的十八届五中全会精神专题研讨班上的讲话. 人民日报，2016-05-10.

③ 习近平. 决胜全面建成小康社会　夺取新时代中国特色社会主义伟大胜利. 人民日报，2017-10-28.

一、产业结构变动

从国内生产总值构成来看，我国第一产业（广义上的农业，即农林牧副渔业）所占比重不断下降，第二产业（工业和建筑业）所占比重稳中有降，第三产业（服务业）所占比重逐渐上升。如第四章表 4－1 所示，1978 年，第一产业增加值为 1 018.5 亿元，占国内生产总值比重为 27.7％；第二产业增加值为 1 755.2 亿元，占国内生产总值比重为 47.7％；第三产业增加值为 905.1 亿元，占国内生产总值比重为 24.6％。从所占比重来看，1978 年我国产业结构呈现明显的“二一三”特征，即以工业为主，农业次之，服务业发展落后。2017 年，第一产业增加值为 65 468 亿元，是 1978 年的 64.3 倍，但其占国内生产总值比重已下降至 7.9％，下降了 19.8 个百分点；第二产业增加值为 334 623 亿元，是 1978 年的 190.6 倍，但其占国内生产总值比重下降至 40.5％，下降了 7.2 个百分点；第三产业增加值为 427 032 亿元，是 1978 年的 471.8 倍，其占国内生产总值比重增至 51.6％。可见，我国产业结构已经由“二一三”转变为“三二一”，即以服务业为主，工业次之，农业最后。这样的变化过程符合产业结构变化的一般规律，反映了我国产业结构不断向合理化和高级化方向发展。一般来说，当第三产业在产业结构中的比重超过 50％，则该地区进入后工业化社会。如果按此标准——2015 年我国第三产业在产业结构中的比重达到 50.2％，首次超过 50％——中国已进入后工业化社会（见图 5－1）。

第三产业比重的上升是改革开放以来我国产业结构变化的最大特征。第三产业即服务业，是除了第一产业和第二产业之外的其他产业，主要包括批发和零售业，交通运输、仓储和邮政业，住宿和餐饮业，信息传输、软件和信息技术服务业，金融业，房地产业，租赁和商务服务业，科学研究和技术服务业等等。如图 5－2 所示，1978—2016 年，批发和零售业产值从 242.3 亿元增至 71 113.4 亿元，在第三产业中的比重由 26.8％降至 18.5％；交通运输、仓储和邮政业产值从 182.0 亿元增至 33 355.3 亿元，在第三产业中的比重由 20.1％降至 8.7％；住宿和餐饮业产值从 44.6 亿元

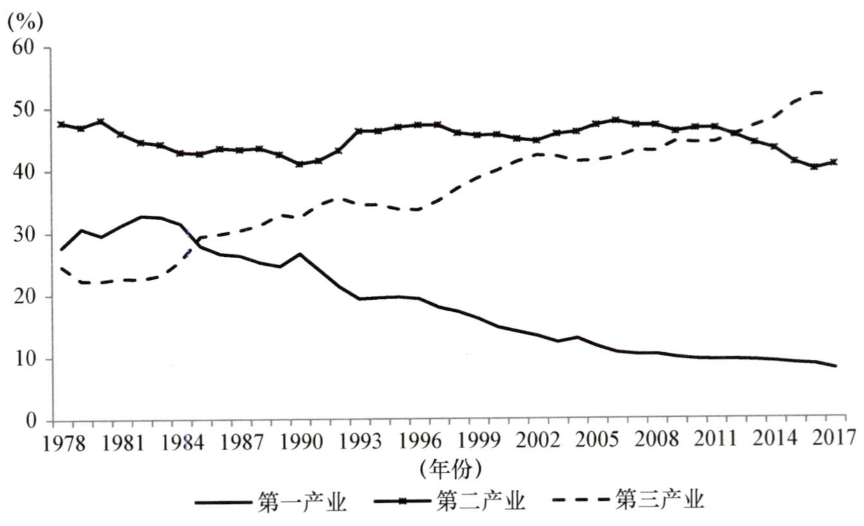

图 5-1　1978—2017 年我国产业结构变动情况

资料来源：根据《中国统计年鉴（2017）》和《中华人民共和国 2017 年国民经济和社会发展统计公报》整理。

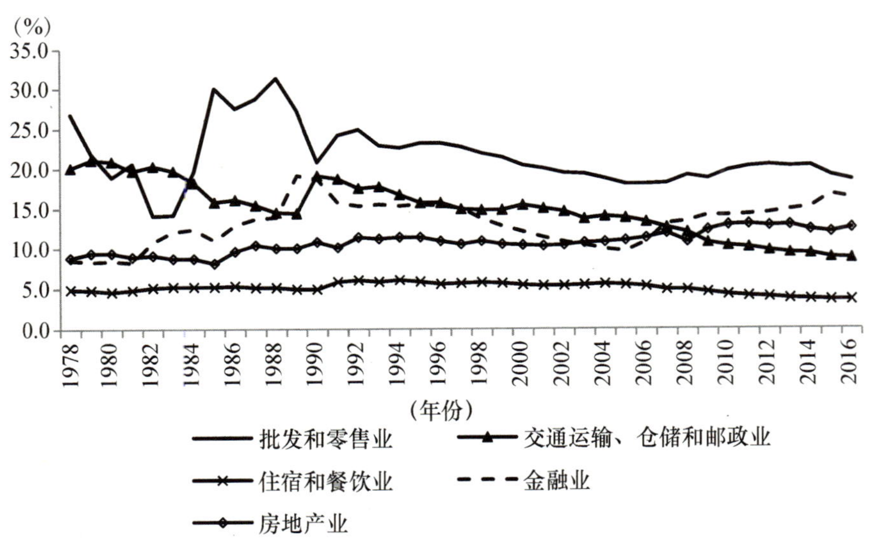

图 5-2　1978—2016 年第三产业主要行业所占比重变化

资料来源：国家统计局．中国统计年鉴（2017）．北京：中国统计出版社，2017.

增至 13 280.8 亿元，在第三产业中的比重由 4.9%降至 3.5%；金融业产值从 76.5 亿元增至 62 132.4 亿元，在第三产业中的比重由 8.5%增至 16.2%；房地产业产值从 79.9 亿元增至 48 132.8 亿元，在第三产业中的比重由 8.8%增至 12.5%①。可见，传统服务业的比重逐步下降，新兴服务业的比重逐步上升。

二、就业结构变动

改革开放以来，我国三次产业就业结构变动基本符合配第-克拉克定律。如表 5-1 和图 5-3 所示，1978—2016 年，第一产业就业人数从 28 318 万降至 21 496 万，就业比重由 70.5%降至 27.7%；第二产业就业人数从 6 945 万增至 22 350 万，就业比重由 17.3%增至 28.8%；第三产业就业人数由 4 890 万增至 33 757 万，就业比重由 12.2%增至 43.5%②。可见，第三产业已成为我国就业的主要产业，这既反映了第三产业在促进就业方面的重要作用，也反映了我国产业结构正在不断升级优化。如图 5-4 所示，2016 年，在城镇第三产业中，教育行业就业人数最多，达 1 729.2 万，占城镇第三产业就业人数的 18.94%；其次是公共管理、社会保障和社会组织行业，就业人数达 1 672.6 万，占城镇第三产业就业人数的 18.32%；第三位是批发和零售业，就业人数达 875.0 万，占城镇第三产业就业人数的 9.59%③。

表 5-1　1978—2016 年我国三次产业就业人数　单位：万人

年份	就业人员	第一产业	第二产业	第三产业
1978	40 152	28 318	6 945	4 890
1979	41 024	28 634	7 214	5 177
1980	42 361	29 122	7 707	5 532
1981	43 725	29 777	8 003	5 945
1982	45 295	30 859	8 346	6 090
1983	46 436	31 151	8 679	6 606
1984	48 197	30 868	9 590	7 739

①②③ 国家统计局. 中国统计年鉴（2017）. 北京：中国统计出版社，2017.

续前表

年份	就业人员	第一产业	第二产业	第三产业
1985	49 873	31 130	10 384	8 359
1986	51 282	31 254	11 216	8 811
1987	52 783	31 663	11 726	9 395
1988	54 334	32 249	12 152	9 933
1989	55 329	33 225	11 976	10 129
1990	64 749	38 914	13 856	11 979
1991	65 491	39 098	14 015	12 378
1992	66 152	38 699	14 355	13 098
1993	66 808	37 680	14 965	14 163
1994	67 455	36 628	15 312	15 515
1995	68 065	35 530	15 655	16 880
1996	68 950	34 820	16 203	17 927
1997	69 820	34 840	16 547	18 432
1998	70 637	35 177	16 600	18 860
1999	71 394	35 768	16 421	19 205
2000	72 085	36 043	16 219	19 823
2001	72 797	36 399	16 234	20 165
2002	73 280	36 640	15 682	20 958
2003	73 736	36 204	15 927	21 605
2004	74 264	34 830	16 709	22 725
2005	74 647	33 442	17 766	23 439
2006	74 978	31 941	18 894	24 143
2007	75 321	30 731	20 186	24 404
2008	75 564	29 923	20 553	25 087
2009	75 828	28 890	21 080	25 857
2010	76 105	27 931	21 842	26 332
2011	76 420	26 594	22 544	27 282
2012	76 704	25 773	23 241	27 690
2013	76 977	24 171	23 170	29 636
2014	77 253	22 790	23 099	31 364

续前表

年份	就业人员	第一产业	第二产业	第三产业
2015	77 451	21 919	22 693	32 839
2016	77 603	21 496	22 350	33 757

资料来源：国家统计局．中国统计年鉴（2017）．北京：中国统计出版社，2017.

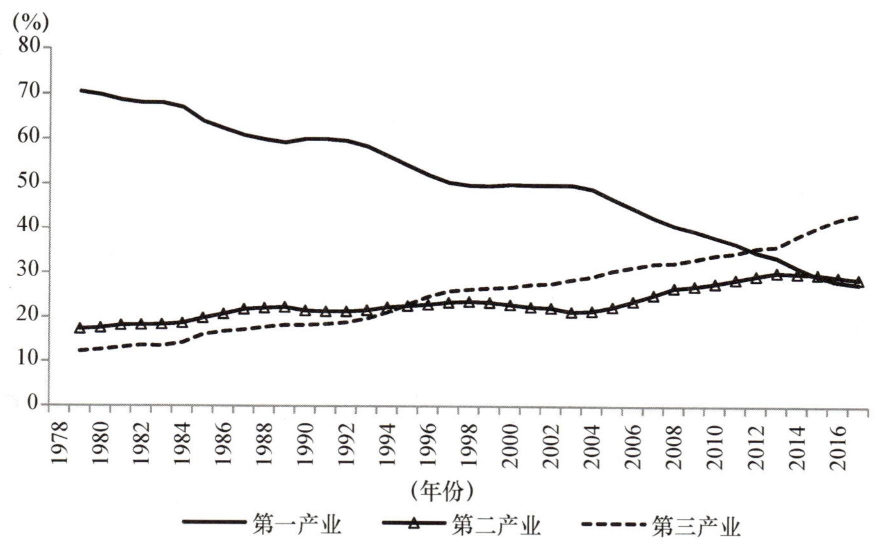

图 5－3　1978—2016 年我国三次产业就业结构变动情况

资料来源：国家统计局．中国统计年鉴（2017）．北京：中国统计出版社，2017.

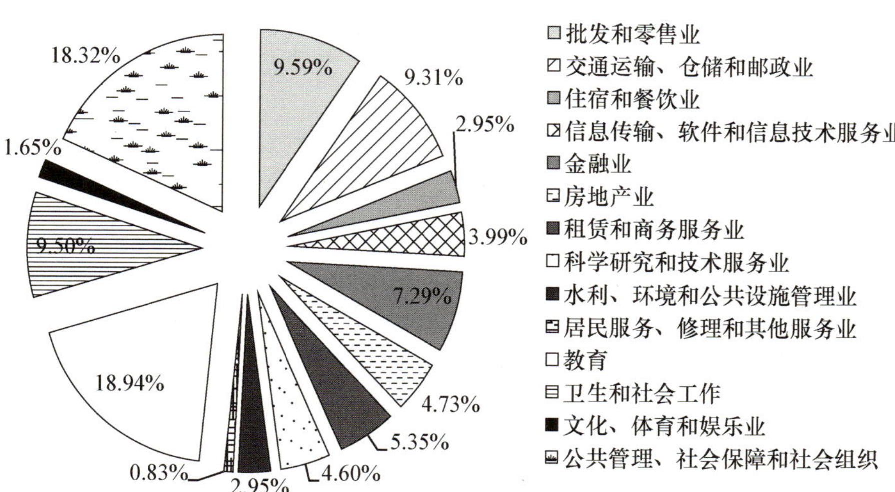

图 5－4　2016 年我国城镇第三产业各行业就业人数所占比重

第三节　农业综合生产能力大幅跃升

一、农业是国民经济的基础

我国是农业大国，农业在国民经济中具有重要的战略地位，是经济发展、社会安定、国家自立的基础。没有农业的现代化，就不可能有整个国民经济的现代化。党和国家高度重视农业，把发展农业摆在经济工作的首位。邓小平同志曾经谆谆告诫："农业是根本，不要忘掉。"① 他还指出"农业上如果有一个曲折，三五年转不过来"，"我们从宏观上管理经济，应该把农业放到一个恰当位置上，总的目标始终不要离开本世纪末达到年产九千六百亿斤粮食的盘子"②。在谈到农业的改革和发展时，邓小平同志指出："中国社会主义农业的改革和发展，从长远的观点看，要有两个飞跃。第一个飞跃，是废除人民公社，实行家庭联产承包为主的责任制。这是一个很大的前进，要长期坚持不变。第二个飞跃，是适应科学种田和生产社会化的需要，发展适度规模经营，发展集体经济。这是又一个很大的前进，当然这是很长的过程。……农业问题要始终抓得很紧。"③ 江泽民同志反复强调，农业是国民经济的基础，这个指导思想任何时候都不能动摇。2001 年 12 月，江泽民同志在听取党外人士关于农业发展问题的意见和建议时指出："我们必须紧密结合农业和农村经济结构调整和增加农民收入的要求，加大实施科技兴农的力度，大力发展农业产业化经营，推动我国农业和农村经济在新世纪初迈上一个新的台阶。"④ 江泽民同志对解决我国农业、农村、农民问题的任务艰巨性也有深刻认识，他指出："在二十一世纪，我们对农业、农村、农民问题要更加重视。"⑤ "要始终高度重

---

① 邓小平. 邓小平文选：第 3 卷. 北京：人民出版社，1993：23.

② 同①159.

③ 同①355.

④ 中共中央召开座谈会听取党外人士关于农业发展问题的意见和建议. 人民网，2001-12-17.

⑤ 江泽民. 江泽民文选：第 3 卷. 北京：人民出版社，2006：407.

视农业的基础地位，保护粮食生产能力。”[①] 胡锦涛同志论述了建设社会主义新农村需要把握的问题，强调要“坚持把解决好‘三农’问题作为全党工作的重中之重，统筹城乡经济社会发展，实行工业反哺农业、城市支持农村和‘多予少取放活’的方针，坚持以经济建设为中心，协调推进农村社会主义经济建设、政治建设、文化建设、社会建设和党的建设，推动农村走上生产发展、生活富裕、生态良好的文明发展道路”[②]。2009 年 1 月，在中共中央政治局第十一次集体学习中，胡锦涛强调：“走中国特色农业现代化道路，是顺应世界农业发展普遍规律、立足我国国情的必然选择，是统筹城乡发展、协调推进工业化和城镇化的必然要求，是建设社会主义新农村、促进农业可持续发展的必由之路。”[③] 党的十八大以来，以习近平同志为核心的党中央贯彻新的发展理念，勇于推动“三农”工作理论创新、实践创新、制度创新，农业农村发展取得了历史性成就、发生了历史性变革。习近平同志强调，“重农固本，是安民之基”，“必须坚持把解决好‘三农’问题作为全党工作重中之重，牢固树立和切实贯彻创新、协调、绿色、开放、共享的发展理念，加大强农惠农富农力度，深入推进农村各项改革，破解‘三农’难题、增强创新动力、厚植发展优势，积极推进农业现代化，扎实做好脱贫开发工作，提高社会主义新农村建设水平，让农业农村成为可以大有作为的广阔天地”[④]。习近平同志关于“三农”工作的一系列重要论述，为实施乡村振兴战略、做好新时代“三农”工作提供了行动指南。

长期以来，中央一号文件聚焦“三农”问题，凸显了农业的重要性。1982 年 1 月 1 日，中共中央批转《全国农村工作会议纪要》，这是中央发布的第一个关于“三农”问题的一号文件。该文件强调，“我国农业必须坚持社会主义集体化的道路”，“要把完善生产责任制的工作和促进农业生产的全面发展目标密切联系起来”，“农业生产应和其他各部门一样，十分

---

① 江泽民．江泽民文选：第 3 卷．北京：人民出版社，2006：410．

② 胡锦涛．胡锦涛文选：第 2 卷．北京：人民出版社，2016：412．

③ 胡锦涛在中共中央政治局第十一次集体学习时强调　坚定不移走中国特色农业现代化道路　全力保持农业农村经济持续稳定发展．央视网，2009-01-24．

④ 中央农村工作会议在京召开　习近平李克强作重要指示批示．中国政府网，2015-12-25．

重视经济效益原则，强调发掘内涵性潜力”①。此后，1983—1986 年，2004—2018 年，中央又连续发布以“三农”为主题的一号文件。其中，2018 年中央一号文件《中共中央 国务院关于实施乡村振兴战略的意见》全面贯彻党的十九大精神，以习近平新时代中国特色社会主义思想为指导，围绕实施乡村振兴战略定方向、定思路、定任务、定政策，坚持问题导向，对统筹推进农村经济建设、政治建设、文化建设、社会建设、生态文明建设和党的建设做出全面部署。该意见强调：“实施乡村振兴战略，是党的十九大作出的重大决策部署，是决胜全面建成小康社会、全面建设社会主义现代化国家的重大历史任务，是新时代‘三农’工作的总抓手。”该意见从实施乡村振兴战略的高度提出了提升农业发展质量的要求，强调“必须坚持质量兴农、绿色兴农，以农业供给侧结构性改革为主线，加快构建现代农业产业体系、生产体系、经营体系，提高农业创新力、竞争力和全要素生产率，加快实现由农业大国向农业强国转变。”主要举措包括夯实农业生产能力基础、实施质量兴农战略、构建农村一二三产业融合发展体系、构建农业对外开放新格局、促进小农户和现代农业发展有机衔接等②。该意见管全面、管长远，向我们描绘了加快推进农业农村现代化，走中国特色社会主义乡村振兴道路的宏伟政策蓝图。

二、家庭联产承包责任制有力促进了农业的发展

我国的改革始于农村改革，其标志是家庭联产承包责任制的推行。1978 年，安徽省凤阳县凤梨公社小岗村的农民为了解决温饱问题，冒险在土地承包责任书上签下“生死状”，将村内土地分开承包，实行农业“大包干”，由此拉开了中国农村改革的序幕。实行家庭联产承保责任制后，小岗村的粮食生产获得了大丰收。1979 年小岗村粮食总产量达 6.6 万公斤，相当于全村 1966 年到 1970 年粮食产量的总和。

① 中共中央文献研究室．三中全会以来重要文献选编：下．北京：人民出版社，1982：1063-1073.

② 中共中央 国务院关于实施乡村振兴战略的意见．中国政府网，2018-02-04.

家庭联产承包责任制改变了原来大规模集体劳动下的平均主义，以家庭为经营单位，极大地解放了农村生产力，调动了农业劳动者的生产经营积极性，推动了我国农业进入新的发展阶段。因此，家庭联产承包责任制得到了党和国家的肯定，并在全国推广开来。1980 年 5 月 31 日，邓小平在一次重要谈话中公开肯定了小岗村“大包干”的做法：“‘凤阳花鼓’中唱的那个凤阳县，绝大多数生产队搞了大包干，也是一年翻身，改变面貌。有的同志担心，这样搞会不会影响集体经济。我看这种担心是不必要的。”① 1982 年中共中央批转《全国农村工作会议纪要》指出：“目前实行的各种责任制，包括小段包工定额计酬，专业承包联产计酬，联产到劳，包产到户、到组，包干到户、到组，等等，都是社会主义集体经济的生产责任制。”② 1983 年中共中央印发的《当前农村经济政策的若干问题》指出：“党的十一届三中全会以来，我国农村发生了许多重大变化。其中，影响最深远的是，普遍实行了多种形式的农业生产责任制，而联产承包制又越来越成为主要形式。联产承包制采取了统一经营与分散经营相结合的原则，使集体优越性和个人积极性同时得到发挥。这一制度的进一步完善和发展，必将使农业社会主义合作化的具体道路更加符合我国的实际。这是在党的领导下我国农民的伟大创造，是马克思主义农业合作化理论在我国实践中的新发展。”③ 该文件还高度肯定了联产承包责任制对我国农业发展的重要意义：“联产承包责任制和各项农村政策的推行，打破了我国农业生产长期停滞不前的局面，促进农业从自给半自给经济向着较大规模的商品生产转化，从传统农业向着现代农业转化。”④ 1991 年，党的十三届八中全会通过的《中共中央关于进一步加强农业和农村工作的决定》强调要把以家庭联产承包为主的责任制、统分结合的双层经营体制，作为我国农村集体经济组织的一项基本制度长期稳定下来，并不断充实完善。

---

① 邓小平．邓小平文选：第 2 卷．2 版．北京：人民出版社，1994：315.

② 中共中央文献研究室．三中全会以来重要文献选编：下．北京：人民出版社，1982：1063-1064.

③④ 中共中央文献研究室．十二大以来重要文献选编：上．北京：人民出版社，1986：253.

三、主要农作物长势喜人

从种植面积来看：1978 年我国农作物总播种面积为 15 010.4 万公顷，2016 年则上升至 16 665 万公顷。其中，粮食作物、经济作物、其他农作物的种植比重在 1978 年分别为 80.3％、9.6％、10.1％，2016 年分别为 67.8％、13.7％、18.5％，粮食作物种植比重有所下降，经济作物种植比重有所上升。在粮食作物中，稻谷、小麦、玉米、大豆、薯类的种植比重在 1978 年分别为 22.9％、19.4％、13.3％、4.8％、7.9％，2016 年则为 18.1％、14.5％、22.1％、4.3％、5.4％，稻谷、小麦、大豆和薯类的种植比重均有所下降，而玉米的种植比重有所上升。在经济作物中，棉花、油料（含花生、油菜籽、芝麻等）、麻类、糖料（含甘蔗、甜菜）、烟叶的种植比重在 1978 年分别为 3.2％、4.1％、0.5％、0.6％、0.5％，2016 年则为 2.0％、8.5％、0.1％、1.0％、0.8％，棉花、麻类的种植比重有所下降，油料、糖料和烟叶的种植比重有所上升。

从产量来看：（1）粮食作物方面。1978 年，我国粮食总产量约 30 476.5 万吨，到了 2016 年，粮食总产量达到 61 625.0 万吨，比 1978 年翻了一番。主要农作物中，稻谷产量在 1978 年为 13 693.0 万吨，占世界稻谷产量的 36.7％，2016 年则为 20 707.5 万吨，在世界的占比降为 28.3％；小麦产量在 1978 年为 5 384 万吨，在世界的占比为 12.1％，2016 年则为 12 884.5 万吨，在世界的占比升至 17.6％；玉米产量在 1978 年为 5 594.5 万吨，在世界的占比为 14.2％，2016 年为 21 955.2 万吨，在世界的占比升至 21.9％。大豆产量在 1978 年为 757 万吨，在世界的占比为 10.1％，2016 年为 1 196 万吨，在世界的占比降至 3.6％（见表 5－2）。从排名来看，主要农作物产量跃居世界前列，如谷物、肉类、籽棉、花生居世界第一位，大豆则居世界第五位（见表 5－3）。（2）经济作物方面。棉花、油料、麻类、糖料、烟叶在 1978 年的产量分别为 216.7 万吨、521.8 万吨、135.1 万吨、2 381.8 万吨、124.2 万吨，2016 年则为 529.9 万吨、3 629.5 万吨、26.2 万吨、12 339.2 万吨、272.6 万吨。从世界排名来看，油菜籽、甘蔗、茶叶、水果的产量分别居世界第二、三、一、一位。

表 5-2 中国农业主要产品产量占世界的比重 (%)

项目	1978年	1980年	1990年	2000年	2010年	2015年	2016年
稻谷	36.7	36.2	37.1	31.7	28.0	28.1	28.3
小麦	12.1	12.5	16.6	17.0	17.7	17.7	17.6
玉米	14.2	15.8	20.1	17.9	20.9	22.2	21.9
大豆	10.1	9.8	10.1	9.6	5.7	3.6	3.6

资料来源：国家统计局．国际统计年鉴（2017）．国家统计局网，2017.

表 5-3 中国农业主要产品产量居世界的位次

项目	1978年	1980年	1990年	2000年	2005年	2010年	2015年	2016年
谷物	2	1	1	1	1	1	1	1
肉类①	3	3	2	1	1	1	1	1
籽棉	2	2	1	1	1	1	1	1
大豆	3	3	3	4	4	4	4	5
花生	2	2	2	1	1	1	1	1
油菜籽	2	2	1	1	1	1	2	2
甘蔗	7	5	4	3	3	3	3	3
茶叶	2	2	2	2	1	1	1	1
水果②	11	12	4	1	1	1	1	1

注：①1990年以前为猪、牛、羊肉产量的位次。②不包括瓜类。
资料来源：国家统计局．国际统计年鉴（2017）．国家统计局网，2017.

四、农业现代化稳步推进

农业的根本出路在于现代化，农业现代化是国家现代化的基础和支撑。没有农业现代化，国家现代化是不完整、不全面、不牢固的。在新型工业化、信息化、城镇化、农业现代化中，农业现代化是基础①。党的十八届五中全会强调要“大力推进农业现代化，加快转变农业发展方式，走产出高效、产品安全、资源节约、环境友好的农业现代化道路”②。近年来，在中共中央、国务院一系列强农惠农富农政策的指引下，我国农业现代化建设取得了优异成绩。主要表现在③：

① 国务院关于印发全国农业现代化规划（2016—2020年）的通知．中国政府网，2016-10-20.
② 授权发布：中国共产党第十八届中央委员会第五次全体会议公报．新华网，2015-10-29.
③ 同①.

第一，综合生产能力迈上新台阶。虽然粮食种植面积有所下降，但粮食连年增产，产量连续5年超过60 000万吨，2017年达61 791万吨。肉蛋奶、水产品等“菜篮子”产品丰产丰收、供应充足，2017年猪牛羊禽肉产量8 431万吨，比上年增长0.8%；水产品产量6 938万吨，比上年增长0.5%。农产品质量安全水平稳步提升，近年来紧紧围绕“两个千方百计”“两个努力确保”“两个持续提高”的目标，坚持产管并举，全面强化农产品质量安全工作，2015年全国蔬菜、畜禽和水产品例行监测合格率为96.1%、99.4%和95.5%，分别比“十一五”末提高3.0、0.3和4.2个百分点①。现代农业标准体系不断完善，重点领域标准体系建设得到不断加强，《高标准农田建设通则》《高标准农田建设评价规范》先后发布，农产品电商标准体系建设工作稳步推进；农业标准化示范区建设卓有成效，已审批建设4 000多个国家级农业标准化示范区，规范了农业生产、农产品加工和贸易，保障了农产品质量安全。如表5-4所示，从产值来看，2016年农林牧渔业总产值达112 091.3亿元，是1978年的23.7倍。其中，2016年农业（狭义）、林业、牧业、渔业的产值分别为59 287.8亿元、4 631.6亿元、31 703.2亿元和11 602.9亿元，分别是1978年的53.1倍、96.3倍、151.5倍和525.0倍。

表5-4　　我国农林牧渔业总产值　　单位：亿元

年份	农林牧渔业总产值	农业	林业	牧业	渔业
1978	1 397.0	1 117.5	48.1	209.3	22.1
1980	1 922.6	1 454.1	81.4	354.2	32.9
1985	3 619.5	2 506.4	188.7	798.3	126.1
1990	7 662.1	4 954.3	330.3	1 967.0	410.6
1995	20 340.9	11 884.6	709.9	6 045.0	1 701.3
2000	24 915.8	13 873.6	936.5	7 393.1	2 712.6
2005	39 450.9	19 613.4	1 425.5	13 310.8	4 016.1
2006	40 810.8	21 522.3	1 610.8	12 083.9	3 970.5

① 农业部关于印发《“十三五”全国农产品质量安全提升规划》的通知．农业部网，2017-03-13.

续前表

年份	农林牧渔业总产值	农业	林业	牧业	渔业
2007	48 893.0	24 658.1	1 861.6	16 124.9	4 457.5
2008	58 002.2	28 044.2	2 152.9	20 583.6	5 203.4
2009	60 361.0	30 777.5	2 193.0	19 468.4	5 626.4
2010	69 319.8	36 941.1	2 595.5	20 825.7	6 422.4
2011	81 303.9	41 988.6	3 120.7	25 770.7	7 568.0
2012	89 453.0	46 940.5	3 447.1	27 189.4	8 706.0
2013	96 995.3	51 497.4	3 902.4	28 435.5	9 634.6
2014	102 226.1	54 771.5	4 256.0	28 956.3	10 334.3
2015	107 056.4	57 635.8	4 436.4	29 780.4	10 880.6
2016	112 091.3	59 287.8	4 631.6	31 703.2	11 602.9

资料来源：国家统计局．中国统计年鉴（2017）．北京：中国统计出版社，2017.

第二，物质技术装备达到新水平。农田有效灌溉面积占比、农业科技进步贡献率、主要农作物耕种收综合机械化率分别达到 52%、56% 和 63%，良种覆盖率超过 96%，现代设施装备、先进科学技术支撑农业发展的格局初步形成①。“十二五”时期，我国农机装备结构有新改善，农机总动力达到 11.2 亿千瓦，较“十一五”末提高了 20.4%；农机作业水平有新跨越，全国农作物耕种收综合机械化率达到 63.8%，比“十一五”末提高 11.5%；农业机械化科技创新有新突破，适应我国农业生产的农机工业体系基本建立，规模以上农机工业企业主营业务收入达到 4 524 亿元，较“十一五”末增长 73.6%，我国农机制造大国地位更加稳固；农机社会化服务能力有新提升，全国农机化作业服务组织达到 18.2 万个，农机合作社达到 5.7 万；农机安全生产有新成效，拖拉机联合收割机上牌率、检验率和驾驶操作人员持证率均超过 70%。

第三，适度规模经营呈现新局面。现代农业的基本特征是农业生产的专业化、标准化、规模化、集约化。一定规模的土地集聚有利于发展现代农业。土地经营权流转、集中、规模经营，要与城镇化进程和农村劳动力

---

① 国务院关于印发全国农业现代化规划（2016—2020 年）的通知．中国政府网，2016-10-20.

转移规模相适应，与农业科技进步和生产手段改进程度相适应，与农业社会化服务水平提高相适应①。坚持经营规模适度，既要注重提升土地经营规模，又要防止土地过度集中，兼顾效率与公平，不断提高劳动生产率、土地产出率和资源利用率，确保农地农用，重点支持发展粮食规模化生产。党的十八大以来，我国对土地经营规模相当于当地户均承包地面积10～15倍，务农收入相当于当地第二、三产业务工收入的农户，给予重点扶持；创新规模经营方式，在引导土地资源适度集聚的同时，通过农民的合作与联合、开展社会化服务等多种形式，提升农业规模化经营水平；以土地制度、经营制度、产权制度、支持保护制度为重点的农村改革深入推进，家庭经营、合作经营、集体经营、企业经营共同发展，多种形式的适度规模经营比重明显上升。

第四，产业格局呈现新变化。农业内部结构不断优化，如图 5－5 所示，农业（狭义）比重从 1978 年的 80.0％下降到 2016 年的 52.9％，林业、牧业、渔业比重从 1978 年的 3.4％、15.0％、1.6％分别上升至 2016 年的 4.1％、28.3％、10.4％②。农产品加工业有了长足发展，农产品加工业与农业总产值比达到 2.2∶1，农产品加工业已成为农业现代化的支撑力量和国民经济的重要产业，在促进农业提质增效、农民就业增收和农村第一、二、三产业融合发展，以及提高人民群众生活质量和健康水平等方面发挥了积极作用。电子商务等新型业态蓬勃兴起，2014 年以来，中央一号文件已连续 5 年将农村电子商务写入，2018 年 2 月 4 日，改革开放以来第 20 个、21 世纪以来第 15 个指导“三农”工作的中央一号文件——《中共中央　国务院关于实施乡村振兴战略的意见》正式发布，该意见指出，要“大力建设具有广泛性的促进农村电子商务发展的基础设施，鼓励支持各类市场主体创新发展基于互联网的新型农业产业模式，深入实施电子商务进农村综合示范”，为农村电子商务的发展指明了方向；休闲农业是现代农业的新型产业形态、现代旅游的新型消费业态，发展休闲农业是发展现代农业、增加农民收入、建设社会主义新农村的重要举措，是促进城乡居

① 中央农村工作会议在北京举行　习近平作重要讲话．人民网，2017-12-29.

② 国家统计局．中国统计年鉴（2017）．北京：中国统计出版社，2017.

民消费升级、发展新经济、培育新动能的必然选择，我国正在建设一批设施完备、功能多样的休闲观光园区、康养基地、乡村民宿和特色小镇，让休闲农业成为经济社会发展的新亮点，发展生态友好型农业逐步成为社会共识。

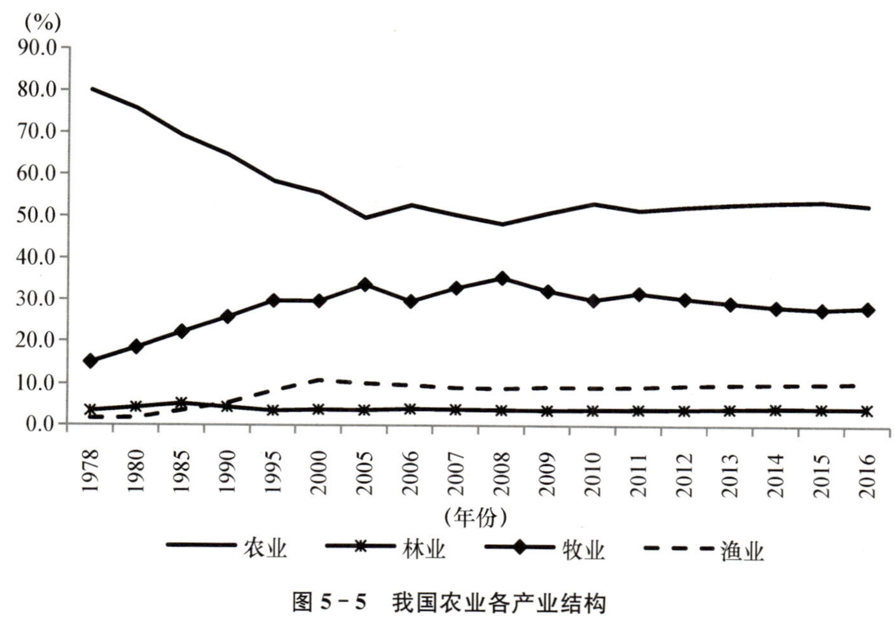

图 5－5 我国农业各产业结构

资料来源：国家统计局．中国统计年鉴（2017）．北京：中国统计出版社，2017.

第五，农民收入实现新跨越。增加农民收入事关农民安居乐业和农村和谐稳定，事关巩固党在农村的执政基础，事关经济社会发展全局。习近平同志指出："要更加重视促进农民增收，让广大农民都过上幸福美满的好日子，一个都不能少，一户都不能落。"① 改革开放以来，党中央把增加农民收入作为"三农"工作的中心任务，坚持统筹兼顾、协调发展，推出了一系列农业支持保护政策以提高农业生产效益，推出了一系列农民就业创业政策以改善农民工进城就业和返乡创业环境，推出一系列农村资源资产保护政策以保障农民对集体财产的收益权。1978 年，我国农村居民人均纯收入为 133.6 元，到 2015 年则达到 10 772.0 元，按可比价格计算，2015 年人均纯收入是 1978 年的 15 倍。农村贫困人口方面，按 2010 年标

① 习近平总书记在江苏考察工作：希望大家日子都过得殷实．人民网，2014-12-17.

准（系现行农村贫困标准，即每人每年纯收入按 2010 年不变价为 2 300 元），我国 1978 年农村贫困人口为 77 039 万，贫困发生率（低于贫困线的人口占全部人口的比例）为 97.5%，到了 2016 年，农村贫困人口已下降至 4 335 万，贫困发生率仅为 4.5%①。

第六，典型探索取得新突破。农业现代化已进入全面推进、重点突破、梯次实现的新时期，东部沿海、大城市郊区、大型垦区的部分县市已基本实现农业现代化。其中，东部沿海地区利用经济相对发达的优势，大力推进以工促农、以城带乡，积极发展高效农业，在工业化、城镇化深入发展中率先实现农业现代化；大城市郊区以城市为依托，以城乡一体化和可持续发展为方向，将郊区农业发展与城市功能定位结合，充分发挥工业对农业的反哺作用，在农业现代化方面迈出坚实步伐；大型垦区具有占地面积广、耕地规模大的特点，便于使用和推广大型现代化的农业机械，因而农机装备水平和农机化发展水平较为先进，作业效率和作业质量也很高，由此也促进了垦区农业生产方式和组织形式的变革，为大型垦区的农业现代化奠定了基础。国家现代农业示范区已成为引领全国农业现代化的先行区，根据农业部发布的《2015 年国家现代农业示范区建设水平监测评价报告》，示范区农业现代化进程不断加快，示范区的排头兵地位进一步彰显，示范引领的作用进一步发挥，2014 年迈入基本实现农业现代化阶段的示范区达到 44 个，占示范区总数的 28.8%②。

第四节　新型工业化成就斐然

一、工业是立国之本

工业是采掘、收集自然物质材料和对各种原材料进行加工的物质生产部门③。工业在国民经济中具有极其重要的地位，是国民经济的主导部门、

① 国家统计局．中国统计年鉴（2017）．北京：中国统计出版社，2017．

② 农业部发布 2015 国家现代农业示范区建设水平监测评价报告．中国政府网，2016-05-03．

③ 刘树成．现代经济辞典．南京：凤凰出版社，2005：269．

国家资金积累的主要来源、对外贸易的主要部门。工业为国民经济各部门提供能源、原材料和其他生产资料，生产出满足人们日益增长的美好生活需要的各类消费品。我国是社会主义社会，大力发展工业对于优化经济结构、建设社会主义现代化强国具有重要意义。我国提出的“四个现代化”目标，就包括工业的现代化。

新中国成立后，我国面临着从落后的农业国变成先进的工业国的艰巨任务，为此，我们党带领人民进行了艰辛探索，并取得了一定的成就。但是“文化大革命”时期，我国国民经济遭受严重干扰和破坏。十一届三中全会以后，我们党把工作的中心转移到社会主义现代化建设上来，这里的“现代化”，当然包括工业的现代化。1981 年，中共中央在转发国家经委党组《关于工业学大庆问题的报告》的通知中强调要把工业生产和交通运输提高到一个新的水平。1982 年，为进一步贯彻执行党的国民经济调整、改革、整顿、提高的方针，充分发挥现有国营工业企业的潜力，提高经济效益，促进我国国民经济状况的根本好转，中共中央、国务院决定：从 1982 年起，用两三年时间，有计划有步骤地、点面结合地、分期分批地对所有国营工业企业进行全面的整顿工作①。1989 年，邓小平同志在强调工业的重要性时指出：“基础工业，无非是原材料工业、交通、能源等，要加强这方面的投资，要坚持十到二十年，宁肯欠债，也要加强。”② 此后，工业发展一直得到党和国家领导人的高度重视。江泽民同志指出：“实现工业化仍然是我国现代化进程中艰巨的历史性任务。”③ 胡锦涛同志指出：“工业是实体经济的主体，也是转变经济发展方式、调整优化产业结构的主战场。”④ 习近平同志强调：“工业是我们的立国之本，要大力发扬自力更生精神，研发生产我们自己的品牌产品，形成我们自己的核心竞争力，推动国家繁荣富强。”⑤

---

① 中共中央文献研究室．三中全会以来重要文献选编：下．北京：人民出版社，1982：1080.

② 邓小平．邓小平文选：第 3 卷．北京：人民出版社，1993：307.

③ 中共中央文献研究室．十六大以来重要文献选编：上．北京：中央文献出版社，2005：16.

④ 胡锦涛强调：努力从工业大国向工业强国转变．中国政府网，2012-05-29.

⑤ 习近平在湖北考察改革发展工作时强调 坚定不移全面深化改革开放 脚踏实地推动经济社会发展．人民日报，2013-07-24.

制造业是工业的主要部门，打造具有国际竞争力的制造业，是我国提升综合国力、保障国家安全、建设世界强国的必由之路。面对全球制造业格局的重大调整和我国经济发展环境的重大变化，为抓住新一轮科技革命和产业变革与我国加快转变经济发展方式形成历史性交汇，抓住国际产业分工格局正在重塑的重大历史机遇，2015 年国务院颁布《中国制造 2025》，强调要坚持走中国特色新型工业化道路，以促进制造业创新发展为主题，以提质增效为中心，以加快新一代信息技术与制造业深度融合为主线，以推进智能制造为主攻方向，以满足经济社会发展和国防建设对重大技术装备的需求为目标，强化工业基础能力，提高综合集成水平，完善多层次多类型人才培养体系，促进产业转型升级，培育有中国特色的制造文化，实现制造业由大变强的历史跨越①。《中国制造 2025》是我国实施制造强国战略的第一个十年行动纲领，对于把我国建设成为引领世界制造业发展的制造强国、进一步推动工业化和现代化进程具有积极而重大的意义。

二、工业体系日益完备

工业体系是指在社会再生产过程中，由一系列相互联系的工业部门组成的有机整体②。新中国成立后，我们在一穷二白的基础上建立了较为完整的独立的工业体系和国民经济体系。改革开放后，我们把工业放在国民经济发展的重要位置，不断调整和优化工业结构，推动工业体系日益完备，“钢铁、有色金属、电力、煤炭、石油加工、化工、机械、建材、轻纺、食品、医药等工业部门逐步发展壮大，一些新兴的工业部门如航空航天工业、汽车工业、电子工业等也从无到有，迅速发展起来”③。近年来，随着我国将制造业作为壮大实体经济的重要抓手，我国载人航天、载人深潜、大型飞机、北斗卫星导航、超级计算机、高铁装备、百万千瓦级发电装备、万米深海石油钻探设备等一批重大技术装备取得突破，并在三维（3D）打印、移动互联网、云计算、大数据、生物工程、新能源、新材料、

① 国务院关于印发《中国制造 2025》的通知. 财政部网，2015-05-19.

② 吕时达，张忠修，聂景廉，等. 简明经济学辞典. 兰州：甘肃人民出版社，1986：20.

③ 我国现代工业体系基本建成. 经济日报，2009-09-22.

人工智能等领域取得新的成就，特别是“互联网＋先进制造业”的推进，开创了我国工业互联网发展新局面。

从工业门类来看，制造业在工业中占据绝对主导地位。2016 年，制造业企业达 355 518 家，占工业企业总数的 93.90％；资产达 835 603 亿元，占工业企业总资产的 76.95％；利润达 65 281 亿元，占工业企业利润总额的 90.77％。除制造业外，采矿业及电力、热力、燃气及水生产和供应业在工业中占据相对较少的比重，但是在国民经济与社会发展中也发挥了不可替代的作用。

从规模来看，大型工业企业在生产经营中发挥了主导作用。2016 年，大型工业企业为 9 631 家，仅占工业企业总数的 2.54％，但是其资产达 508 070 亿元，占工业企业总资产的 46.79％；利润达 26 788 亿元，占工业企业利润总额的 37.25％，高于中型工业企业和小型工业企业。小型工业企业数量最多，达 317 287 家，其资产、利润均略低于大型工业企业，这显示小型工业企业聚少成多，在工业体系中起着重要作用。

从行业分布来看，电力、计算机等行业资产规模雄厚。若按资产规模排序，2016 年排名前十的工业部门依次是：电力、热力生产和供应业，计算机、通信和其他电子设备制造业，化学原料和化学制品制造业，汽车制造业，黑色金属冶炼和压延加工业，电气机械和器材制造业，煤炭开采和洗选业，非金属矿物制品业，通用设备制造业，有色金属冶炼和压延加工业，其资产在工业总资产中的占比分别为 12.39％、7.28％、7.01％、6.31％、5.85％、5.81％、4.92％、4.68％、3.99％、3.70％，合计占工业企业总资产的 61.94％①。

三、新型工业化取得重大成就

工业化是一个国家或地区的经济从以农业为主向以工业为主的转变过程。从指标来看，工业化水平用工业产值在国内生产总值中所占的比重来衡量。工业化程度的提高，意味着工业产值在国民经济中的比重不断上升。

随着党和国家对工业的日益重视，我国工业体系得到了全面发展，工

① 国家统计局．中国统计年鉴（2017）．北京：中国统计出版社，2017.

业化水平不断提高。但是，我们也面临一个难题，即我们要走什么样的工业化道路？是高污染、高消耗的老路子，还是另找新路？党的十六大高瞻远瞩，根据世界经济科技发展新趋势和我国经济发展新阶段的要求，提出要走新型工业化道路，强调要“坚持以信息化带动工业化，以工业化促进信息化，走出一条科技含量高、经济效益好、资源消耗低、环境污染少、人力资源优势得到充分发挥的新型工业化路子”①。党的十七大从加快转变经济发展方式、推动产业结构优化升级的战略高度，强调要“坚持走中国特色新型工业化道路”，“把建设资源节约型、环境友好型社会放在工业化、现代化发展战略的突出位置”②。党的十八大进一步提出“四化”同步发展，即“坚持走中国特色新型工业化、信息化、城镇化、农业现代化道路，推动信息化和工业化深度融合、工业化和城镇化良性互动、城镇化和农业现代化相互协调，促进工业化、信息化、城镇化、农业现代化同步发展”③。随着中国特色社会主义进入新时代，我国工业发展和工业化进程面临新的形势和考验，以习近平同志为核心的党中央把新型工业化作为推动实体经济发展的重要途径，努力增强我国经济发展质量。2015 年 7 月，习近平同志在同吉林省企业职工座谈时指出：“中国梦具体到工业战线就是加快推进新型工业化。”④ 2017 年，在党的十九大报告中，习近平同志再次强调要推动新型工业化、信息化、城镇化、农业现代化同步发展。

从实际成效来看，党的十八大以来我国推进新型工业化取得的成就和经验包括：第一，顺应技术和产业发展趋势，紧紧依靠战略谋划引领工业发展。目前，我国新型工业化发展基本形成了以《中国制造 2025》为引领，以 11 个专项规划为骨干，以重点领域技术创新绿皮书为补充，以全国各地落实文件为支撑，横向联动、纵向贯通、各方协同的政策体系。第二，始终把创新驱动发展放在首位，不断增强工业发展动力和主动权。着力加强制造业创新体系建设，加强关键核心技术攻关，实施工业强基工

① 中共中央文献研究室. 十六大以来重要文献选编：上. 北京：中央文献出版社，2005：16.

② 中共中央文献研究室. 十七大以来重要文献选编：上. 北京：中央文献出版社，2009：17，19.

③ 中共中央文献研究室. 十八大以来重要文献选编：上. 北京：中央文献出版社，2014：16.

④ 习近平. 实体经济一定要抓上去. 央广网，2015-07-17.

程，大力推进军民融合深度发展。第三，聚焦智能制造的主攻方向，推进信息化与工业化深度融合。坚持把信息化与工业化深度融合作为制造强国建设的根本路径，制定并组织实施了50个规划及专项行动计划，形成了推动信息化与工业化深度融合的顶层设计、政策体系、组织保障和工作机制。第四，坚决顶住经济下行压力，保持工业经济平稳持续增长。坚持稳中求进工作总基调，着力克服、解决工业发展面临的突出困难和问题，坚持分业施策，推动出台了石化、机械、纺织、建材等行业调结构、促转型、增效益的方案。第五，深化供给侧结构性改革，推进工业结构不断调整优化。把工业作为推进供给侧结构性改革的主战场，坚持以供给侧结构性改革为主线，加快产业结构调整，不断提高供给体系质量和效率。第六，全面深化改革和扩大对外开放，激发新活力与拓展新空间并举。深入贯彻全面深化改革要求，坚持以扩大开放促进深化改革，以深化改革促进扩大开放，为“中国制造”注入新动力、增添新活力、拓展新空间①。

第五节　要素禀赋变化与产业升级

一、生产要素的构成

人类进行物质资料生产时必须依据一定的经济资源和条件，即生产要素。传统经济学曾长期将生产要素分为劳动、土地、资本。19世纪资产阶级庸俗政治经济学创始人萨伊认为，劳动、土地、资本创造了产品的价值，是一切社会生产不可缺少的要素——“事实已经证明，所生产出来的价值，都是归因于劳动、资本和自然力这三者的作用和协力，其中以能耕种的土地为最重要因素但不是惟一因素。除这些外，没有其他因素能生产价值或能扩大人类的财富。”②

萨伊的观点曾长期被西方经济学界所接受，直到马歇尔将“组织”的

① 工业和信息化部党组. 推动制造强国建设迈出坚实步伐：党的十八大以来推进新型工业化的成就与实践经验. 求是，2017（12）.

② 萨伊. 政治经济学概论. 北京：商务印书馆，1963：75-76.

概念引入生产要素。马歇尔在《经济学原理》第四篇中直接将生产要素定义为土地、劳动、资本和组织，指出“资本大部分是由知识和组织构成的……有时把组织分开来算作是一个独立的生产要素，似乎最为妥当”①。马歇尔所指的“组织”，其实就是强调企业家对企业的管理，也就是后来经济学家所广泛使用的“企业家才能”概念。

随着技术在生产过程中得到广泛应用，并推动企业不断创造出新产品、提高产品质量，技术的重要性越来越受到人们的重视。“科学技术是第一生产力”的著名论断已深入人心，技术也逐渐成为不可或缺的生产要素，并在物质资料生产中发挥着越来越重要的作用。

在现代经济活动中，劳动、土地、资本、企业家才能、技术等各种生产要素按一定的比例或结构投入生产过程，通过相互结合、相互补充、相互作用，共同促进社会生产的发展。

二、要素禀赋与动态比较优势

要素禀赋是指一国或地区拥有的生产要素的数量，它反映了一国或地区利用某种或几种生产要素从事生产的能力和水平。一般而言，一国或地区如果某种生产要素较为丰裕，那么这种生产要素的相对价格就比较低，利用这种生产要素从事产品生产的成本也就相应较低（或者说具有比较优势）。要素禀赋理论从国际贸易的角度提出，一国或地区应该生产并出口密集使用其较为丰裕的要素生产的产品，而进口使用其相对稀缺的生产要素生产的产品。在自由贸易的条件下，按照要素禀赋理论开展国际贸易，必然会形成新的国际分工，即一国或地区在密集使用其具有较为丰裕的要素的产业上具有比较优势，因而会形成这些具有比较优势的产业，而其他国家或地区的同类产业如果没有比较优势，就会产生向这个国家或地区转移的动力。

要素禀赋理论是基于静态分析框架的传统比较优势理论。如果一国或地区一直按其固有的要素禀赋或比较优势生产并出口劳动密集型产品，而进口资本或技术密集型产品，从长期来看，该国或地区在国际贸易和国际

---

① 马歇尔．经济学原理：上卷．北京：商务印书馆，2011：183.

分工中就总是处于不利地位，进而落入所谓“比较优势陷阱”。事实上，一国或地区的要素禀赋并不是一成不变的，它会随着该国或地区的技术进步、模仿创新、政府政策调整等发生变化，也就是说，比较优势会随着要素禀赋结构的改变而进行动态的调整，即形成动态比较优势①。从现实的例子来看，较为典型的是中国等新兴工业化国家，这些国家在经济发展初期，劳动力比较低廉，土地资源丰富，因而发展劳动密集型产业具有明显的比较优势，与此同时，这些新兴国家制定政策吸引外资和先进技术，随着经济的发展，这些国家的劳动和土地等要素的需求上升，其稀缺性逐渐凸显，而资本和技术等生产要素逐渐丰裕，结果这些国家发展劳动密集型产业的比较优势逐渐丧失，而资本和技术密集型产业的比较优势开始显现。

三、劳动要素的变化

劳动是劳动力在生产过程中从事的体力活动和脑力活动。由于劳动是由劳动力实施的行为，而劳动力是有形的，因此一般将劳动力作为生产要素的考察内容。劳动力是生产中最具有能动性的因素，也是经济活动中不可或缺的因素。各类产业在生产产品或提供服务时，都离不开劳动力的参与。不同类型的产业对劳动和劳动力的需求不同，其中，劳动密集型产业需要投入大量劳动力，且对资本和技术等生产要素依赖程度较低。劳动密集型产业在经济发展的不同阶段所包含的产业不尽相同，一般是指：（1）传统农业；（2）传统制造业，如纺织、服装、玩具、皮革、家具等产业；（3）传统服务业，如餐饮业、物流业等。

劳动力提供劳动所获得的报酬是工资收入，因此工资水平是衡量一个国家或地区劳动力成本的主要指标。如果一国或地区的劳动力资源比较充裕，那么该国的工资水平相对较低，劳动力成本就比较低廉，因而发展劳动密集型产业具有比较优势。

改革开放初期至21世纪初，我国工人工资水平相对比较低。这与我国

① 关于动态比较优势，西方很多经济学家进行了研究。例如，克鲁格曼对“干中学”中动态比较优势内生决定机制进行了探讨，巴拉萨在物质资本与人力资本要素比例变化的基础上提出了比较优势阶梯论。

劳动力有效供给的增加有关。首先，我国人口基数大，劳动力数量多。1983 年我国实行计划生育政策，人口出生率得到一定控制，但我国人口基数较大，致使劳动力的绝对数量也较大，并且逐年增加。1990 年，我国劳动适龄人口达 7.6 亿，占总人口的 66.7%；1995 年，劳动适龄人口增至 8.1 亿，占总人口的比重增至 67.2%①。其次，我国经济体制改革激发了劳动力的有效供给。在计划经济时期，劳动力没有得到优化配置，工作效率比较低，实行社会主义市场经济体制改革后，劳动力的积极性得到发挥，众多的人口可以提供更多有效的劳动供给。最后，农村大量剩余劳动力向城市以及工业和服务业部门转移。农村实行家庭联产承包责任制后，大量剩余劳动力从以往“大锅饭”式的集体耕作模式中解放出来，开始向城市的工业、服务业部门流动，出现青壮劳动力到大城市和沿海地区“打工”的现象，增加了城市的劳动力供给。由于劳动适龄人口的增加，劳动适龄人口占总人口的比重自 20 世纪 80 年代至 2010 年一直呈上升态势，同期内总抚养比（非劳动适龄人口与劳动适龄人口比重）也呈区域下降趋势，我国也由此享受人口红利带来的收益。在劳动力需求方面，由于改革红利的不断释放，尤其是 1984 年开始我国改革的重心开始向城市转移，使得城市的工业和服务业得以迅速发展，对劳动力的需求也持续上升，这就使得工资水平迅速提高。1981 年至 1990 年我国工资水平增长率的年平均水平达 11.06%，其中制造业平均水平为 10.90%，虽然增速较高，但由于我国整体经济发展水平比较低，工资基数依然很低。

随着经济发展水平的不断提高，近年来我国劳动力成本逐渐提高，人口红利趋于消失②。2004 年我国沿海地区出现的“民工荒”现象，反映了

① 国家统计局. 中国统计年鉴（2016）. 北京：中国统计出版社，2016.

② 关于中国人口红利是否消失的问题，学术界有不同的看法。巴曙松认为，2015 年前后中国的劳动人口存量开始下降，人口红利确认消失（巴曙松. 中国经济已悄然越过刘易斯拐点. 经济参考报，2011-05-C5）；蔡昉认为，由劳动年龄人口增长快、比重高带来的“第一次人口红利”已经结束，而未来还会有“老年人口比重提高可能产生新的储蓄动机和新的人力资本供给”带来的“第二次人口红利”（蔡昉. 人口转变、人口红利与刘易斯转折点. 经济研究，2010（4））；田萍、张屹山、张鹤在对中国未来劳动力总量进行合理估算的前提下，预测中国人口红利的结束时间是 2021 年（田萍，张屹山，张鹤. 中国剩余劳动力人口红利消失时点预测. 中国高校社会科学，2015（1））。

农业剩余劳动力无限供给的状态几近消失，我国已越过刘易斯拐点。2011年，我国适龄劳动人口占比为74.4%，比2010年下降0.1个百分点，此后呈逐年下降趋势，总抚养比也自2011年开始逐年上升，说明我国享受人口红利的时代即将结束①。劳动力供给的短缺使我国劳动力工资水平快速上升，尤其是以往作为剩余劳动力主体的农民工，如表5-5所示，2010年和2011年的工资分别增长19.3%和21.20%，远高于20世纪80年代我国工资增长速度。从地域来看，东部地区农民工的工资水平高于中部和西部地区农民工的工资水平，而2013年至2015年东部地区农民工的工资上涨速度明显高于中西部地区。我国尤其是东部地区劳动力成本的上升，说明我国东部地区发展劳动密集型的比较优势逐渐丧失，而且资本和技术密集型产业也会面临人力成本上升的问题，这样就促使部分劳动力密集型产业从我国东部地区向中西部地区转移，同时，东部地区的很多产业则通过加大技术研发力度等途径实现转型升级。

表5-5　　我国农民工工资水平（2010—2016年）

年份	工资	总体	东部地区	中部地区	西部地区
2010	工资水平（元）	1 690	1 696	1 632	1 643
	增长速度	19.3%	19.2%	20.9%	19.2%
2011	工资水平（元）	2 049	2 053	2 006	1 990
	增长速度	21.2%	21.0%	22.9%	21.1%
2012	工资水平（元）	2 290	2 286	2 257	2 226
	增长速度	11.8%	11.40%	12.50%	11.8%
2013	工资水平（元）	2 609	2 691	2 533	2 552
	增长速度	13.9%	17.7%	12.23%	14.6%
2014	工资水平（元）	2 864	2 966	2 761	2 797
	增长速度	9.8%	10.2%	9%	9.6%
2015	工资水平（元）	3 072	3 213	2 918	2 964
	增长速度	7.2%	8.3%	5.7%	6%
2016	工资水平（元）	3 275	3 454	3132	3117
	增长速度	6.3%	7.4%	7.7%	5.2%

资料来源：根据国家统计局2010—2016年发布的《农民工监测调查报告》整理。

① 根据《中国统计年鉴（2016）》计算整理。

四、土地要素的变化

土地是地域的表面[①]，也是人类从事经济活动的空间基础。土地具有面积总量的绝对有限性、位置的固定性、使用价值的不可替代性等特性[②]，这就决定了土地作为生产要素具有稀缺性。虽然人类在自然条件许可的情况下，可以通过改变土地的形态（如填湖造地）等途径增加可供从事某种经济活动的土地的供给，但土地的总面积不会增加。

经济活动的主体如果租用土地进行生产，就要向土地所有者交付一定的租金，即地租[③]。土地价格是地租的资本化，它与利用土地所从事的经济活动相互影响、相互作用。（1）一个国家或地区如果土地面积十分有限，不能满足经济活动的需求，则土地价格必然会上涨。如果用于提供某一类经济活动的土地供给（如规划用于农业生产的农业用地，用于工业生产的工业用地）不足，则会导致该类用途的土地价格随之上涨。土地价格上涨意味着用地成本上升，这就会导致利用该片土地从事经济活动的主体（主要是企业）的生产成本上升，如果成本上升大幅降低企业的利润水平，则可能会促使企业选择利用其他价格相对较低的土地进行生产。（2）土地具有稀缺性，但如果一个国家或地区的经济活动较少，没有有效利用土地的使用价值，则会导致土地供过于求，土地价格就会下跌。同样的，如果该国或地区用于某一用途的土地没有被充分利用，处于闲置状态，就会导致该用途土地的价格下跌。

我国实行社会主义制度，国家拥有土地的所有权，任何在土地上从事经济活动的企业或个人只能获得土地的使用权或收益权，而不能获得土地的所有权，也就是说，我国不能通过土地的买卖实现土地所有权的变更。

---

① 从广义上来说，土地作为生产要素，不仅包括土地本身，还包括附着在土地上的矿产资源。

② 刘书楷．土地经济学．北京：地质出版社，2000：17-18.

③ 马克思主义认为，地租是土地使用者因使用土地而缴给土地所有者的超过平均利润以上的那部分剩余价值。

改革开放后，我国在农村地区实行家庭联产承包责任制，在土地公有制的基础上，让农民获得土地的使用权和收益权，调动了农民的生产积极性，也促进了农业的发展。农民承包土地经营，国家并不收取地租，因此从形式上看，农村的土地价格为零，但由于国家向农民征收一定的农业税，农民则以上缴公粮的方式将农业税由货币形式转为实物形式，可以说，农业税实际上就是农民使用土地的成本，在某种意义上就是农业土地的价格。20 世纪 80 年代至 21 世纪初，我国很多地方农民的负担不断加重，部分地区还出现了农民弃耕的现象，农业税的存在是其中的重要因素之一。2006 年，我国取消农业税，农民负担大幅减轻。再加上一系列惠农政策的陆续出台，我国农民利用农地从事农业生产的积极性得到提高，对土地的需求也在不断上升。

与此同时，城市的工业、服务业对土地的需求也在急剧上升。在改革开放之前，我国对土地的使用者采用单一的无偿划拨方式，让其使用土地，使用者只能获得土地的使用权，且未经许可不得相互转让土地。改革开放后，由于城市工业、服务业的迅速膨胀，城市供地出现了非常紧张的局面。面对各种所有制企业的用地需求，如果继续采取单一的无偿划拨方式，不仅不能满足人民日益增长的土地需求，而且实际上会产生由无偿使用带来的国有资产流失的问题。为此，我国对土地管理制度进行了改革。首先，规定土地使用权可以依法转让。2004 年，国务院颁布《关于深化改革严格土地管理的决定》，规定“农民集体所有建设用地使用权可以依法流转”，强调“在符合规划的前提下，村庄、集镇、建制镇中的农民集体所有建设用地使用权可以依法流转”①。其次，规定土地用途可以依法改变。对于建设占用土地，“农民集体所有的土地依法用于非农业建设的，由县级人民政府登记造册，核发证书”②，但是“农村土地承包经营权流转不得改变承包土地的农业用途”③。再次，规定可以对土地依法征收或征用并给予补偿。最后，确定国有土地有偿使用原则。对于以出让等有偿使用

① 国务院关于深化改革严格土地管理的决定. 中国政府网，2005-08-12.

② 中华人民共和国土地管理法. 中国政府网，2005-05-26.

③ 中华人民共和国农业部令：第 47 号. 农业农村部网，2005-03-20.

方式取得国有土地使用权的建设单位，须“缴纳土地使用权出让金等土地有偿使用费和其他费用”①。在确认了土地流转、土地征收征用、有偿使用等原则的前提下，我国加大了对城市工业、服务业用地的供给。一方面，盘活存量。加强对城市建设用地分类管理，做好居住用地、公共管理与公共服务设施用地、商业服务业设施用地、工业用地、物流仓储用地等的规划，为各类合法用地需求提供有效保障。在改革开放初期法制还不健全时，为引进外资，有些地区以国有土地使用权为股份，与外资合资经营；有些地区甚至使用行政手段，以极低的价格向外资出让国有土地使用权。另一方面，用好增量。各地纷纷征用大量农用地，改变其用途，用于工商业生产经营等非农业建设。基于以国内生产总值为导向的干部考核机制，有些地方政府无视禁令，不惜越过耕地保护界限，极力扩大征地范围，以尽可能地满足当地工商业活动的用地需求。在此背景下，大量土地被释放出来，我国土地资源丰富、供应充足的优势也得以显现，很多企业在很长一段时间内，都能以相对低廉的价格获得土地使用权。

但是，土地资源毕竟具有稀缺性，城市化和工业化的迅速推进对农业用地的侵犯已引起社会的高度关注，中央政府对农业耕地的保护力度正在加大，对城市建设用地的规划也日益科学和严格，部分地方政府和官员违规征地的做法被抑制和纠正，这就使得城市获得增量土地的难度加大。以往很多地区的地方政府为了吸引企业前来投资，在用地数量方面尽量予以满足，但是随着城市土地空间的压缩，多数地区的企业已经较难像以往一样轻松获得土地使用权，而必须通过我国规定的严格程序取得。除了用地的数量需求受到限制外，土地价格的上涨也对企业也带来了一定的影响。特别是对于我国地区人口密度相对较高的东部地区来说，城市工商业用地需求膨胀过度，已远远超过了存量土地和增量土地的供应能力，这就使得城市，尤其是东部地区大中城市的土地价格逐渐上涨。如表 5－6 所示，2010 年末，我国 105 个主要城市 2010 年末综合地价为 2 881 元/平方米，其中商业用地、住宅用地、工业用地地价分别为 5 181 元/平方米、4 244 元/平方米、629 元/平方米；2016 年末综合地价达 3 826 元/平方米，比

① 中华人民共和国土地管理法．中国政府网，2005－05－26．

2010年末上涨32.80%，其中商业用地、住宅用地、工业用地地价分别达6 937元/平方米、5 918元/平方米、782元/平方米，涨幅分别达33.89%、39.44%、24.32%。

表5-6 **我国主要城市土地价格** 单位：元/平方米

年份	综合地价	商业用地	住宅用地	工业用地
2010	2 881	5 181	4 244	629
2015	3 826	6 937	5 918	782

资料来源：根据国土资源部《2010中国国土资源公报》和《2016中国国土资源公报》计算整理。

对劳动和土地两种生产要素的综合分析可以看出，在我国改革开放初期，两种要素的价格都比较低，发展这两种要素的产业（以劳动密集型产业为主）具有比较优势，随着对这两种要素需求的上升，两种要素价格上涨，主要利用这两种要素进行生产的产业的比较优势逐渐丧失（首先表现在价格上涨较快的东部地区），致使这些产业向我国中西部地区转移（甚至向劳动力成本和土地成本更低的其他国家或地区转移）。

五、资本要素的变化

在马克思主义政治经济学中，资本是指能够带来剩余价值的价值。在现代经济社会中，无论是在资本主义社会还是社会主义社会，资本的内涵都进一步扩展，凡是能带来增值的价值，或者说在一定时期内能够带来利润的经济资源，都被称作资本。资本与资金是相互联系又有区别的两个概念，资金既可以指财产的货币表现，也可以指“垫支于社会再生产过程、能够增值的价值”，指后者时内涵与“资本”相同①。多数情况下，我们可以把资金看作资本的主要形式之一。

资本密集型产业是在生产要素组成中大量使用资本要素而较少使用劳动、土地等要素的产业。与劳动密集型产业相比，资本密集型产业需要投

① 刘树成．现代经济辞典．南京：凤凰出版社，2005：1289．关于资本和资金的概念，有不同的解释。有的认为：“广义的资本范畴包括所有的生产要素，不仅包括有形的物：厂房、机器、土地等，也包括无形的商标、信誉等，甚至包括人，即人的身份、名誉和地位。”（赵林如．市场经济学大辞典．北京：经济科学出版社，1999：32）

入大量的资金和设备，消耗大量的原材料，其生产工艺相对复杂，劳动生产率较高，这也意味着资本密集型产业所能容纳的劳动力相对较少，对劳动力的依赖程度较低。一般来说，资本密集型产业包括电子与通信设备制造业、运输设备制造业、冶金业、钢铁业、石油化工业、重型机械工业、电力工业等。

改革开放后，我国面临着资本不足的难题。这就给我国经济带来很多不利影响：一是资本密集型产业难以获得足够的发展。充裕的劳动力资源、广袤的土地和极为短缺的资本相结合，使得我国长期只能重点发展劳动密集型产业，但在发展资本密集型产业方面没有比较优势。而以劳动密集型产业为主的结构意味着生产效率相对低下，在价值链中的地位也难以提高。二是影响社会扩大再生产。社会主义生产是扩大再生产，资本是能够带来增值的价值，必须有足够的资本积累才能带来更多的价值增值，从而保证能以增值的部分用于扩大再生产。如果资本短缺就会影响生产规模的扩大，进而会影响经济增长。三是影响人民生活水平的提高。改革开放后，我国进行了工资改革，将工资水平与企业的经济效益相挂钩，如果资本短缺影响价值增值，就会影响企业的经济效益，进而会影响人民群众工资水平的提高。总之，资本不足的问题阻碍了我国国民经济的发展，已成为改革开放后我国经济发展必须解决的瓶颈难题。

从形态上来看，资本不足既表现为资金的短缺，也表现为生产设备的短缺，但主要是资金的短缺。为解决资本不足的难题，我国在改革开放后制定了积极吸引外资的政策。除了在土地供给方面提供服务和优惠外，在贷款、税收方面我国也给予外资很多特殊的优惠待遇。例如，1986 年 10 月 11 日颁布实施的《国务院关于鼓励外商投资的规定》，提出“产品出口企业和先进技术企业在生产和流通过程中需要借贷的短期周转资金，以及其他必需的信贷资金，经中国银行审核后，优先贷放”，并制定了减免各种补贴、所得税的政策。1991 年 7 月 1 日开始实施的《中华人民共和国外商投资企业和外国企业所得税法》详细列出了企业所得税优惠办法①。我

① 2013 年中国实施《中华人民共和国企业所得税法》，给予内资公司和外资公司同等国民待遇，取消了外资的税收优惠政策。

国在资本严重短缺阶段制定的一系列优惠政策，对吸引外资发挥了重要作用，其作用机理在于提高对在我国投资的资本的预期利润率。首先，降低了资本的生产成本。低廉的劳动力价格、充裕的土地供应（有的地方甚至是免费提供土地使用权）和超国民待遇的税收优惠，使同样规模的资本可以获得更低的成本和更高的利润。其次，提高了外资对资本利润率的期望。虽然在资本短缺时也会存在资本边际效益递减的现象，但这种递减是后期资本投入相对于前期资本投入而言的，从绝对值来看，利润率仍处于较高的水平，而且随着资本投入的增加，会产生规模经济的效应。最后，我国经济的蓬勃发展为外资提供了广阔的商机。改革开放以来，我国从落后的状态发展成直追全球经济增长速度的经济体，各种新的行业、业态不断涌现，新的消费热点和供应产品层出不穷，蕴藏了无限的商机，也为各种资本提供了发挥作用、实现价值增值的空间。

值得关注的是，我国资本的短缺程度经历了显著的变化过程。21 世纪以来，我国资本短缺的局面得到了很大的缓解，甚至在某些产业（如信息产业）已经出现资本充裕的现象。这主要得益于两个方面：一是改革开放以来我国通过吸引外资，积累了产业发展所必需的资本。二是我国自身资本积累所起的作用。我国经济总量迅速扩大，国内生产总值由 1978 年的 3 678.7 亿元增至 2016 年的 744 127.2 亿元，若按不变价格计算，增长了 201 倍①。经济总量的扩大，反映了社会再生产规模的不断扩大，由此也体现了资本价值增值的不断实现，这也为我国资本的积累提供了源泉。若就全社会固定资本形成总额指标来看，1978 年我国固定资本形成总额仅 1 109 亿元，到了 2016 年则猛增至 318 912 亿元，增长了 286 倍（按当年价格）②。可以说，我国已经由改革开放初期的资本短缺大国，发展为资本大国。随着资本短缺问题的逐步解决，我国的资本要素也经历了动态比较优势的转变过程。在改革开放初期，资本要素短缺，发展以资本为主要生产要素的产业就没有比较优势，但是随着改革开放进程的加快，我国的资本要素逐渐充裕，发展资本密集型产业也开始具有比较优势。

①② 国家统计局．中国统计年鉴（2017）．北京：中国统计出版社，2017．

六、企业家才能要素的变化

企业家才能就是企业家经营管理企业的能力和水平，“作为一种投入要素，系指企业家的组织要素”①。自马歇尔将“组织”的概念（企业家对企业的管理）引入生产要素的构成后，企业家才能对生产的重要性日益为经济学家所关注。熊彼特认为企业家的创新行为是商业周期和经济发展的动力，科兹纳认为企业家的作用在于发现市场交易机会，卡森认为企业家是在不确定性环境中能就稀缺资源的配置做出判断性决策的人。这些观点都很好地诠释了企业家才能要素的作用和重要性。

改革开放以来，企业家才能要素的作用越来越受到我国的重视。2014年中央经济工作会议首次提出要“更加注重发挥企业家才能”②。但是，在改革开放之前和改革开放初期的很长一段时间内，企业家才能作为生产要素，在我国处于非常紧缺的状态，其主要原因在于我国一直没有建立现代企业制度。当时，我国尚未建立市场经济体制，而是长期实行计划经济体制。企业（包括当时的全面所有制企业和集体所有制企业）不是由专职的企业家负责投资和经营，而是由国家或集体委派相关人员进行管理。这些企业规模相对较小（相对于跨国公司而言），生产经营活动全部按政府的指令性计划和指导性计划进行，企业负责人没有自主经营权。在计划经济时代，这些企业没有竞争压力，因而能得以生存，但这种企业环境难以培养出能力突出、适应现代经济发展需要的企业家，与此相应，企业家精神尤为短缺。改革开放后，随着市场机制的逐步建立，以往企业制度缺乏市场竞争力的弊端充分暴露出来，为此，我国开始考虑建立现代企业制度。1993年，党的十四届三中全会通过的《关于建立社会主义市场经济体制若干问题的决定》提出，要“进一步转换国有企业经营机制，建立适应市场经济要求，产权清晰、权责明确、政企分开、管理科学的现代企业制度”。尽管这主要是针对国有企业提出的改革要求，但是对全社会的企业（尤其是民营企业）都起到引导和示范作用。

---

① 杨春学．当代西方经济学新词典．长春：吉林人民出版社，2001：270.

② 中央经济工作会议在北京举行．人民日报，2014-12-12.

由于我国在建立现代企业制度方面缺乏经验，吸收境外管理人才和管理经验成为有效路径。为此，我国在引进外资的同时，也注重“引智”，把引进管理人才和管理经验作为提高企业管理水平的重要手段。在此形势下，外籍企业家才能要素转移到我国后，可以更好地发挥作用。总的来看，这些转移到我国的外籍企业家才能主要包括三种：一是投资者的才能，即资本所有者或者企业负责人，他们不仅拥有对所转移企业的所有权，而且会对经营管理活动做出权责范围内的决定。二是职业经理人的才能，即由企业聘任的职业化企业经营管理专家，他们具有良好的职业素质和职业能力。三是外籍高级管理人员的才能。一些大型外资企业的外籍高级管理人员原本在外国就具有较好的经营管理才能，被派驻我国后可以将以往的经验和国外母公司的管理理念带到我国。从形式上看，外籍企业家才能要素向我国转移，主要是依附于产业转移，也就是说，在外商投资过程中，一些企业家作为企业组织者和管理者也会迁至我国，而企业家才能也会随之发生转移①。反过来看，这些转移的企业家才能对转移的产业也起到了重要的支持作用：首先，企业家才能为转移企业的正常运营提供了必要条件。在我国现代企业制度尚未十分成熟时，外籍企业家才能要素的转移有利于我国外资企业健全法人治理结构，确保“有一套科学的、完整的、规范的生产、经营、财务和人事等管理制度，以保证企业的整个经济活动有序、有效进行”②。其次，这些企业家才能具有根源于国外的特色，因而能使转移的产业深深地烙上国外先进经营管理特色和理念的印记。最后，在我国经营管理期间，这些企业家才能实现了与我国本地企业文化、特色的结合，因而提高了转移产业与我国企业的结合程度，使其更好地适应我国经济发展的需要和地方人文风情的特点，有利于转移产业在我国生存扎根。

当然，需要指出的是，我国的企业家才能并非完全依靠“引智”才能提高。事实上，我国传统的经商文化对当代企业家才能要素的培育起着重

---

① 这些转移的外籍企业家才能并非一成不变地依附在转移的外资企业上。在我国社会主义市场经济体制下，人才具有充分的流动性，很多外籍企业家被在我国经营的其他企业（包括我国本土的国有企业和民营企业、其他外资企业等）引进。

② 刘树成. 现代经济辞典. 南京：凤凰出版社，2005：1064.

要的作用，例如，很多本土企业家深受历史上徽商、晋商、浙商等优秀经营理念和思想的影响。此外，本土企业的兴起，也培养了很多优秀的本土企业家。

经过改革开放以来的学习、引进和培养，以及现代企业制度的普遍建立，我国的企业家才能要素逐渐充裕，很多优秀的企业家开始涌现。由于我国经济的蓬勃发展以及我国国际地位的不断提高，这些企业家在创业和对外交往中，积累了丰富的经验，形成了开阔的国际视野，甚至在很多方面已经超越了外籍企业家①。因此，我国企业家才能的比较优势正在逐渐增强②。

七、技术要素的变化

技术一般是指“人类改造自然和创造人工自然的方法、手段与活动的总和”③。在人类文明史上，技术对推动人类社会经济、政治、文化领域的变革具有重要作用。历次科技革命对人类社会进步的极大促进作用充分证明了技术的重要性，尤其是第三次科技革命以来技术创新的突飞猛进，带动了社会生产力的迅速提高，让经济学家更加意识到技术对产业发展和经济增长的重要作用。兴起于20世纪80年代的内生增长理论认为：“经济能够不依赖外力推动实现持续增长，内生的技术进步是保证经济持续增长的决定因素。”④ 技术对经济的作用过程，我们可以按“技术→产品→产业→经济”的逻辑关系进行分析。第一步：技术进步和创新可以优化生产要素组合，提高要素配置和资源使用效率，从而实现产品数量的不断增加、产品种类的不断丰富和产品质量的不断提高；第二步：产品的改进促进了该

---

① 一个鲜明的事例是“互联网+”领域。近年来，互联网思维深深植根于我国经济，很多互联网公司将互联网的创新成果与经济社会各领域深度融合，推动了技术进步、效率提升和组织变革。一些互联网公司创始人如阿里巴巴的马云、百度的李彦宏、腾讯的马化腾等，已成为享誉世界的知名企业家，他们所具有的企业家才能十分优秀，并为业界所推崇。相比之下，有些发达国家或地区在“互联网+”领域发展反而缓慢，缺乏有足够战略眼光和互联网思维的企业家。

② 当然，这里是就整体水平而言。实际上，在某些产业和某些地区（如中西部地区），国外的企业家才能仍具有相当的优势。

③ 彭克宏，等．社会科学大辞典．北京：中国国际广播出版社，1989：1158.

④ 吴易风，朱勇．内生增长理论的新发展．中国人民大学学报，2000（5）.

产业的创新和竞争力的提升，实质上促进了要素和资源从技术水平低的产业向技术水平高的产业转移，从而有利于进一步优化产业结构；第三步：产业结构的优化有利于更好发挥产业的关联效应和扩散效应，使单一产业或少数产业的发展带动其他相关产业的发展，进而促进经济的平稳增长和可持续发展。

在改革开放之前，我国的技术水平较为落后，技术要素相对缺乏。1978 年党的十一届三中全会和全国科学大会的召开，让我国迎来了科学技术发展的春天。1981 年，我国提出促进科学技术发展的方针，主要包括："科学技术与经济、社会应当协调发展，并把促进经济发展作为首要任务""着重加强生产技术的研究，正确选择技术，形成合理的技术结构""加强厂矿企业的技术开发和推广工作""保证基础研究在稳定的基础上逐步有所发展""把学习、消化、吸收国外科学技术成就作为发展我国科学技术的重要途径"①。1985 年，《中共中央关于科学技术体制改革的决定》明确提出，"应当按照经济建设必须依靠科学技术、科学技术工作必须面向经济建设的战略方针"②，对科学技术体制进行改革。1988 年，邓小平同志提出了"科学技术是第一生产力"的著名论断。随着我国对科学技术的日益重视以及科学技术体制的不断改革，一些重大科技计划如科技攻关计划、星火计划、863 计划、攀登计划、自然科学基金等投入实施，我国的科学技术水平不断提高，技术要素稀缺的状态得到缓解。进入新世纪后，我国加强了创新对科学技术发展的推动作用，提出要坚定不移贯彻科教兴国战略和创新驱动发展战略、坚定不移走科技强国之路，并努力提高科学技术对经济增长的贡献水平。近年来，我国进一步围绕构筑先发优势、增强原始创新能力、拓展创新发展空间、推动大众创业万众创新等加大科技创新力度，有力地推动了科学技术的发展。目前，我国已在空间技术、信息技术、新材料、生物工程等领域取得了令人瞩目的成就，重大科技创新成果和技术拔尖人才不断涌现，技术研发和创新能力显著增强。

---

① 中共中央文献研究室. 三中全会以来重要文献选编：下. 北京：人民出版社，1982：764-767.

② 中共中央文献研究室. 十二大以来重要文献选编：中. 北京：人民出版社，1986：662.

在改革开放初期，我国积极引进外资的一个重要目的是引进技术，并在实践中取得了很大的成就。通过消化吸收引进的技术，我国的技术水平有了很大的提高。在此阶段，国外的技术密集型产业向我国的转移主要以技术单向输出为主，即外资企业将其在国外的母公司的技术转移到我国。需要指出的是，当时我国的技术要素总体上仍比较稀缺，发展技术密集型产业并无比较优势。此外，技术作为生产要素，并非单独发挥作用，它必须和具有较高素质的劳动者相结合才能充分发挥其潜在能力，而当时我国的教育文化水平相对落后，高素质的劳动者相对缺乏，在吸引技术密集型产业方面仍缺乏比较优势。因此在改革开放初期，我国在吸引国外的技术密集型产业方面并无显著优势，产业转移也就不可能以技术密集型产业为主。

随着改革开放的不断深入，我国在继续引进外资、引进技术的同时，进一步加强自主研发能力和自主创新能力，从根本上推动了我国科学技术水平的巨大发展，使我国的技术要素从稀缺状态逐渐向相对充裕状态演进，由此，我国在发展技术密集型产业方面逐渐获得比较优势，再加上我国劳动者素质的提高、研发人员技能的提升和科技成果转化能力的增强，强化了国外的技术密集型产业向我国转移的动力。在此阶段，国外的技术密集型产业在向我国转移的过程中逐渐向“双向技术学习”转变，即国外的产业不仅向我国转移一部分技术，而且通过在我国的研发活动以及与我国本土产业和本土技术的融合，也从我国吸收一部分先进技术，通过双向学习，实现了中外技术密集型产业的相互促进、相互进步、相互提高。

第六章　对外开放的不断深入

开放带来进步，封闭必然落后。改革开放 40 年来，我国顺应经济全球化趋势，坚持对外开放，坚持“引进来”与“走出去”相结合，不断扩大对外贸易和引进外资的规模，努力推动贸易和投资自由化、便利化，向全面开放的新格局迈进。

第一节　对外开放是我国的基本国策

新中国成立后，我们取得了经济建设的巨大成就，但是由于长期实行计划经济体制和相对封闭的对外经济政策，我国与国外的经济联系很少，同世界先进科技水平和发达国家经济水平的差距也越来越大。粉碎“四人帮”后，我们党在对外经济政策上有了新的认识，并逐步将对外开放确立为我国的基本国策。

邓小平同志作为改革开放的总设计师，领导并推动了我国对外开放伟大事业起航。1978 年 10 月，邓小平同志指出：“要引进国际上的先进技术、先进装备，作为我们发展的起点。”① 针对实行开放政策是否同过去的传统相违背的问题，邓小平同志指出：“我们引进先进技术，是为了发展

① 邓小平．邓小平文选：第 2 卷．2 版．北京：人民出版社，1994：133.

生产力，提高人民生活水平，是有利于我们的社会主义国家和社会主义制度。”① 1984 年 10 月，邓小平同志在会见参加中外经济合作问题讨论会全体中外代表时指出：“总结历史经验，中国长期处于停滞和落后状态的一个重要原因是闭关自守。经验证明，关起门来搞建设是不能成功的，中国的发展离不开世界。当然，像中国这样大的国家搞建设，不靠自己不行，主要靠自己，这叫作自力更生。但是，在坚持自力更生的基础上，还需要对外开放，吸收外国的资金和技术来帮助我们发展。这种帮助不是单方面的。中国取得了国际的特别是发达国家的资金和技术，中国对国际的经济也会做出较多的贡献。几年来中国对外贸易的发展，就是一个证明。所以我们说，帮助是相互的，贡献也是相互的。”② “对内经济搞活，对外经济开放，这不是短期的政策，是个长期的政策。”③ 1985 年 4 月，邓小平同志指出：“要尊重社会经济发展规律，搞两个开放，一个对外开放，一个对内开放。对外开放具有重要意义，任何一个国家要发展，孤立起来，闭关自守是不可能的，不加强国际交往，不引进发达国家的先进经验、先进科学技术和资金，是不可能的。”④ 1985 年 8 月，针对有人怀疑中国设立经济特区的政策是否要改变，邓小平同志坚定指出“中国的对外开放政策是坚定不移的”⑤。邓小平同志还指出：“为了发展生产力，必须对我国的经济体制进行改革，实行对外开放的政策。”⑥ 1991 年，邓小平同志在视察上海时强调：“发展经济，不开放是很难搞起来的。”⑦ 1992 年，邓小平同志在南方谈话中肯定了改革开放的重要贡献，指出“搞了改革开放，促进了经济发展，人民生活得到了改善”，并强调“改革开放胆子要大一些，敢于试验”⑧。

随着对外开放范围的不断扩大，以江泽民同志为核心的第三代中央领导集体高度重视提高对外开放的水平，努力推动形成全方位、多层次、宽

① 邓小平．邓小平文选：第 2 卷．2 版．北京：人民出版社，1994：133.
② 邓小平．邓小平文选：第 3 卷．北京：人民出版社，1993：78-79.
③ 同②79.
④ 同②117.
⑤ 同②133.
⑥ 中共中央文献研究室．十二大以来重要文献选编：中．北京：人民出版社，1986：767.
⑦ 中共中央文献研究室．十三大以来重要文献选编：下．北京：人民出版社，1993：1441.
⑧ 同⑦1852，1853.

领域对外开放格局。1989 年 9 月，江泽民同志在庆祝中华人民共和国成立 40 周年大会上指出：**“在新的形势下，我们更加重视利用有利的国际条件，坚持对外开放，以加速我国的社会主义现代化建设。”**①1990 年，江泽民同志在庆祝深圳经济特区建立 10 周年招待会上指出，“对外开放是我国一项长期的根本政策，这项政策是不会改变的”，“我们要继续在自力更生的基础上坚持对外开放，积极发展与世界各国、各地区的经济技术合作和交流”②。“我们的对外开放，是要积极开展对外经济技术合作和交流，学习外国包括资本主义发达国家的先进技术、科学管理经验和进步文化成果，同时抵制资本主义社会那些消极腐朽东西对我们的侵蚀，继承和发扬中华民族一切优良的思想、道德、文化传统。”③1992 年，江泽民同志在党的十四大报告中总结了改革开放以来的伟大实践，将实行对外开放纳入建设有中国特色社会主义理论的主要内容，指出：“强调实行对外开放是改革和建设必不可少的，应当吸收和利用世界各国包括资本主义发达国家所创造的一切先进文明成果来发展社会主义，封闭只能导致落后。”报告还提出 20 世纪 90 年代要进一步扩大对外开放，更多更好地利用国外资金、资源、技术和管理经验，具体包括：“对外开放的地域要扩大，形成多层次、多渠道、全方位开放的格局”“利用外资的领域要拓宽”“积极开拓国际市场，促进对外贸易多元化，发展外向型经济”。1997 年，江泽民同志在党的十五大报告中，将“坚持和完善对外开放，积极参与国际经济合作和竞争”作为建设有中国特色社会主义的经济的重要内容，努力提高对外开放水平。对外开放是一项长期的基本国策。面对经济、科技全球化趋势，强调“要以更加积极的姿态走向世界，完善全方位、多层次、宽领域的对外开放格局，发展开放型经济，增强国际竞争力，促进经济结构优化和国民经济素质提高”④。2002 年，江泽民同志在党的十六大报告中指出，要“坚持‘引进来’和‘走出去’相结合，全面提高对外开放水平。适应经济全球化和加入世贸组织的新形势，在更大范围、更广领域和更高层次上

① 中共中央文献研究室. 十三大以来重要文献选编：中. 北京：人民出版社，1991：616.
② 同①1311.
③ 同①1312.
④ 中共中央文献研究室. 十五大以来重要文献选编：上. 北京：人民出版社，2000：28-29.

参与国际经济技术合作和竞争，充分利用国际国内两个市场，优化资源配置，拓宽发展空间，以开放促改革促发展”①。

在新世纪、新阶段，以胡锦涛同志为总书记的党中央，继续实施互利共赢的开放战略，努力提高对外开放水平。2004 年，胡锦涛同志指出：“要坚持‘引进来’和‘走出去’相结合，不断提高对外开放的水平。要继续坚定不移地实施对外开放的基本国策，下大气力提高对外开放的水平。”随着我国经济快速发展和实力不断增强，国际社会出现形形色色的“中国威胁论”。2005 年，胡锦涛同志指出：“我们坚持对外开放的基本国策，愿意同世界各国开展互利合作，共同致力于建设一个持久和平、共同繁荣的和谐世界。”② 胡锦涛同志在中共十六届五中全会第二次全体会议上强调要坚持对外开放，实现互利共赢，指出：“对外开放是我国的一项基本国策，必须长期坚持，毫不动摇。在国内市场和国际市场联系日益紧密的情况下，我们必须树立全球战略意识，实施互利共赢的开放战略，着力转变对外贸易增长方式，全面提高对外开放水平，扬长避短，趋利避害，在更大范围、更广领域、更高层次上参与国际经济技术合作和竞争，使对外开放更好地促进国内改革发展。”③ 2007 年，胡锦涛同志在党的十七大报告中谈到进入新世纪新阶段，我国发展呈现一系列新的阶段性特征时指出：“对外开放日益扩大，同时面临的国际竞争日趋激烈，发达国家在经济科技上占优势的压力长期存在，可以预见和难以预见的风险增多，统筹国内发展和对外开放要求更高。”为此，十七大报告明确提出要统筹国内发展和对外开放，其中，在对外开放方面，要拓展对外开放广度和深度，提高开放型经济水平。具体而言，包括：“坚持对外开放的基本国策，把‘引进来’和‘走出去’更好结合起来，扩大开放领域，优化开放结构，提高开放质量，完善内外联动、互利共赢、安全高效的开放型经济体系，形成经济全球化条件下参与国际经济合作和竞争新优势。深化沿海开放，加快内地开放，提升沿边开放，实现对内对外开放相互促进。”④ 2011 年，

---

① 中共中央文献研究室．十六大以来重要文献选编：上．北京：中央文献出版社，2005：22.

② 中共中央文献研究室．十六大以来重要文献选编：中．北京：中央文献出版社，2006：1039.

③ 同②1097.

④ 中共中央文献研究室．十七大以来重要文献选编：上．北京：中央文献出版社，2009：21.

胡锦涛同志在中国加入世界贸易组织10周年高层论坛上发表重要讲话，指出："面对新形势新要求，中国将坚持以更广阔的视野观察世界、观察中国，根据推动科学发展的要求，实行更加积极主动的开放战略，拓展新的开放领域和空间，完善更加适应发展开放型经济要求的体制机制，提高开放型经济水平和质量，形成开放型经济新格局，更好地以开放促发展、促改革、促创新。"①

党的十八大以来，以习近平同志为核心的党中央着眼于国际国内发展大局，努力推动在更大范围、更宽领域、更深层次上提高开放型经济水平。2013年9月，习近平同志在二十国集团领导人峰会第一阶段会议上关于世界经济形势的发言中指出，"我们要放眼长远，努力塑造各国发展创新、增长联动、利益融合的世界经济，坚定维护和发展开放型世界经济"，"必须顺应时代潮流，反对各种形式的保护主义，统筹利用国际国内两个市场、两种资源"，"要维护自由、开放、非歧视的多边贸易体制，不搞排他性贸易标准、规则、体系，避免造成全球市场分割和贸易体系分化。要探讨完善全球投资规则，引导全球发展资本合理流动，更加有效地配置发展资源"②。2015年10月，习近平同志在党的十八届五中全会第二次全体会议上强调了要坚持创新、协调、绿色、开放、共享的发展理念，并指出"开放发展注重的是解决发展内外联动问题"，"现在的问题不是要不要对外开放，而是如何提高对外开放的质量和发展的内外联动性"，"我们必须坚持对外开放的基本国策，奉行互利共赢的开放战略，深化人文交流，完善对外开放区域布局、对外贸易布局、投资布局，形成对外开放新体制，发展更高层次的开放型经济，以扩大开放带动创新、推动改革、促进发展"③。2017年，习近平同志在党的十九大报告中指出要推动形成全面开放新格局，具体战略举措包括：以"一带一路"建设为重点，坚持"引进来"和"走出去"并重，遵循共商共建共享原则，加强创新能力开放合作，形成陆海内外联动、东西双向互济的开放格局；拓展对外贸易，培育

---

① 中共中央文献研究室．十七大以来重要文献选编：下．北京：中央文献出版社，2013：649.

② 习近平在二十国集团领导人第八次峰会第一阶段会议上的发言．新华网，2013-09-06.

③ 在党的十八届五中全会第二次全体会议上的讲话（节选）．人民网，2016-01-01.

贸易新业态、新模式，推进贸易强国建设；实行高水平的贸易和投资自由化便利化政策，全面实行准入前国民待遇加负面清单管理制度，大幅放宽市场准入，扩大服务业对外开放，保护外商投资合法权益；优化区域开放布局，加大西部开放力度；赋予自由贸易试验区更大改革自主权，探索建设自由贸易港。创新对外投资方式，促进国际产能合作，形成面向全球的贸易、投融资、生产、服务网络，加快培育国际经济合作和竞争新优势。党的十九大报告还强调："中国坚持对外开放的基本国策，坚持打开国门搞建设，积极促进'一带一路'国际合作，努力实现政策沟通、设施联通、贸易畅通、资金融通、民心相通，打造国际合作新平台，增添共同发展新动力。"① 2018 年 4 月，习近平同志在博鳌亚洲论坛 2018 年年会开幕式上的主旨演讲中宣布了在扩大开放方面的重大举措，即大幅放宽市场准入、创造更有吸引力的投资环境、加强知识产权保护、主动扩大进口。习近平同志的主旨演讲宣示了新时代中国深化改革、扩大开放的坚定决心，体现了中国在对外开放中的大国使命和担当。

第二节　对外开放格局的发展

一、全方位、多层次、宽领域对外开放格局的形成与完善

改革开放以来，我国采取发展对外经济贸易关系、利用外资和引进先进技术等多种形式，不断扩大对外开放的规模和领域，逐步形成了"经济特区—沿海开放城市—沿海经济开放区—沿江和内陆开放城市—沿边开放城市"的全方位、多层次、宽领域对外开放格局。

——经济特区。经济特区是指在一个国家或地区内划出一定的范围，实行特殊的经济政策和经济管理体制的地区。兴办经济特区是我国对外开放的重大步骤，是利用国外资金、技术、管理经验来发展社会主义经济的

① 习近平．决胜全面建成小康社会　夺取新时代中国特色社会主义伟大胜利．人民日报．2017-10-28.

崭新试验。经济特区通过先行先试，探索改革开放的实现路径和实现形式，为全国改革开放探路开路。1979 年 4 月，邓小平同志提出要发展出口特区。同年 7 月，中共中央、国务院批准对广东、福建两省对外经济给以更多自主权，并决定先在深圳、珠海两市划出部分地区试办出口特区，待取得经验后，再考虑在汕头、厦门设置特区。1980 年 3 月，中央正式将“出口特区”定名为“经济特区”。1984 年 2 月，邓小平同志指出：“特区是个窗口，是技术的窗口，管理的窗口，知识的窗口，也是对外政策的窗口。”① 1988 年 4 月，第七届全国人民代表大会第一次会议正式批准设立海南省，划定海南岛为经济特区。海南经济特区成为全国最大的也是唯一的省级经济特区。改革开放以来，深圳、珠海、汕头、厦门、海南 5 个经济特区在建设中国特色社会主义伟大历史进程中谱写了勇立潮头、开拓进取的壮丽篇章，在经济体制改革中发挥了“试验田”作用，在对外开放中发挥了重要“窗口”作用，为全国改革开放和社会主义现代化建设做出了重大贡献②。

——沿海开放城市。沿海港口城市由于其地理位置、经济基础、经营管理和技术水平等条件较好，在对外开放方面具有特殊的优势和作用。1984 年 2 月，邓小平同志指出：“除现在的特区之外，可以考虑再开放几个港口城市，如大连、青岛。这些地方不叫特区，但可以实行特区的某些政策。”③ 为落实邓小平同志的讲话精神，发挥沿海大中港口城市的优势，1984 年 5 月，中共中央、国务院批转《沿海部分城市座谈会纪要》，决定进一步开放天津、上海、大连、秦皇岛、烟台、青岛、连云港、南通、宁波、温州、福州、广州、湛江和北海 14 个沿海港口城市，在扩大城市权限和给予外商投资者若干优惠政策方面实行以下政策：放宽利用外资建设项目的审批权限，增加外汇使用额度和外汇贷款，积极支持利用外资、引进先进技术改造老企业，对中外合资、合作经营企业及外商独资企业给以若干优惠待遇，逐步兴办经济技术开发区，大力发展进料加工出口，调整几

① 邓小平．邓小平文选：第 3 卷．北京：人民出版社，1993：51-52．

② 习近平．在庆祝海南建省办经济特区 30 周年大会上的讲话．人民日报，2018-04-14．

③ 同①52．

个城市的开放类别，加强基础设施建设，加强对利用外交的计划指导，在改革方面应当走在前头①。1990 年 4 月 18 日，中共中央、国务院同意上海市加快浦东地区的开发，在浦东地区实行经济技术开发区和某些经济特区的政策。

——沿海经济开放区。为加速沿海经济发展，带动内地经济开发，1985 年 2 月，中共中央、国务院批转《长江、珠江三角洲和闽南厦漳泉三角地区座谈会纪要》，决定在长江三角洲、珠江三角洲和闽南厦漳泉三角地区开辟沿海经济开放区，并要求沿海经济开放区“应逐步形成贸—工—农型的生产结构，即按出口贸易的需要发展加工工业，按加工的需要发展农业和其他原材料的生产。要围绕这一中心，合理调整农业结构，认真搞好技术引进和技术改造，使产品不断升级换代，大力发展出口，增加外汇收入，成为对外贸易的重要基地。同时，又要加强同内地的经济联系，共同开发资源，联合生产名牌优质产品，交流人才和技术，带动内地经济的发展，成为扩展对外经济联系的窗口”②。为了贯彻实施沿海地区经济发展的战略，充分发挥沿海地区的优势，积极发展外向型经济，1988 年 3 月，国务院发布《关于扩大沿海经济开放区范围的通知》，决定适当扩大沿海经济开放区，将包括杭州、南京、沈阳等省会城市在内的 140 个市县划入沿海经济开放区。

——沿江和内陆开放城市。随着沿海地区对外开放水平的提高，加快内地对外开放的步伐成为当务之急。20 世纪 90 年代，我国对外开放的区域逐渐向沿江及内陆和沿边城市延伸。1992 年 6 月，国务院决定开放长江沿岸芜湖、九江、岳阳、武汉、重庆 5 个内陆城市。此后，中央又批准合肥、南昌、长沙、成都、郑州、太原、西安、兰州、银川、西宁、乌鲁木齐、贵阳、昆明、南宁、哈尔滨、长春、呼和浩特共 17 个省会为内陆开放城市。

——沿边开放城市。为深化我国与周边国家的经济联系，促进沿边地

① 中共中央、国务院关于批转《沿海部分城市座谈会纪要》的通知. 中国网，2011-04-12.

② 中共中央、国务院关于批转《长江、珠江三角洲和闽南厦漳泉三角地区座谈会纪要》的通知. 中国网，2011-04-12.

区经济社会发展，确保边境安全和国土安全，1992 年我国实施延边开放战略，批准黑河、绥芬河、珲春、满洲里、二连浩特、伊宁、博乐、塔城、畹町、瑞丽、河口、凭祥、东兴 13 个城市为延边开放城市，并在上述城市以及辽宁丹东设立边境经济合作区。

经过由点到线、由线到面式地深入开放，我国已于 20 世纪 90 年代初形成了全方位、多层次、宽领域的对外开放格局。全方位就是“对世界所有国家开放，对各种类型的国家开放”①，不仅对社会主义国家开放，也对资本主义国家开放；不仅对发达国家开放，也对发展中国家开放。多层次是指根据各地发展优势和特点，采取不同的开放政策，形成经济特区、沿海开放城市、沿海经济开放区、沿江和内陆开放城市、沿边开放城市等不同层次的开放体系。宽领域是指对外开放涵盖商品、劳务、资本、技术、服务等多个领域。

20 世纪 90 年代至 21 世纪初期，我国以更加积极的姿态走向世界，努力完善全方位、多层次、宽领域的对外开放格局。1999 年，中共中央提出西部大开发战略，顺应了扩大对外开放的要求，也使我国的对外开放格局进一步优化。2001 年，中国正式加入世界贸易组织，这是我国改革开放进程中具有历史意义的一件大事，标志着我国对外开放进入了一个新的阶段。加入世贸组织，有利于扩大对外开放，为我国经济发展赢得更好的国际环境，有利于促进经济体制改革和经济结构的战略性调整，增强我国经济发展活力和国际竞争力，总体上符合我国的根本利益和长远利益②。2011 年，中国宣布将把扩大对外开放和区域协调发展结合起来，协同推动沿海、内陆、沿边城市开放，形成优势互补、分工协作、均衡协调的区域开放新格局；继续深化沿海地区对外开放，鼓励外商投资企业参与沿海地区技术研发、高端制造、生态功能区建设和现代服务业发展，在更高水平上实现优势互补、合作共进；积极支持外商投资企业到中西部地区投资办厂，参与中国中部地区崛起、西部大开发和东北地区等老工业基地振兴；加快沿边开放步伐，加强与周边国家的基础设施互联互通，繁荣双边经

① 邓小平．邓小平文选：第 3 卷．北京：人民出版社，1993：237.

② 中共中央文献研究室．十五大以来重要文献选编：中．北京：人民出版社，2001：1469.

济，实现互利共赢；积极扩大文化、教育、科技、卫生等领域对外交流合作，在扩大开放中促进中国社会事业发展。

二、全面开放新格局的推进

党的十八大以来，我国积极顺应经济全球化趋势，加快构建开放型经济新体制，坚持全方位对外开放，坚定不移发展开放型世界经济，努力推动形成全面开放新格局。

——重点推进“一带一路”建设。“一带一路”是“丝绸之路经济带”和“21世纪海上丝绸之路”的简称。2013年9月7日，习近平同志在哈萨克斯坦纳扎尔巴耶夫大学发表演讲，提出了共同建设“丝绸之路经济带”的畅想。同年10月3日，习近平同志在印度尼西亚国会发表演讲，提出共同建设21世纪“海上丝绸之路”。“一带一路”贯穿欧亚大陆，东边连接亚太经济圈，西边进入欧洲经济圈，是对古丝绸之路的传承和提升，是促进共同发展、实现共同繁荣的合作共赢之路，是增进理解信任、加强全方位交流的和平友谊之路。建设“一带一路”，是以习近平同志为核心的党中央统筹国内国际两个大局做出的重大战略决策，是我国深化对外开放、加强国际合作的重要途径，对于全面建成小康社会、实现中华民族伟大复兴的中国梦，具有重大而深远的意义。“一带一路”以共商、共建、共享为原则，以和平合作、开放包容、互学互鉴、互利共赢的丝绸之路精神为指引，以打造命运共同体和利益共同体为合作目标①，加强政策沟通、设施联通、贸易畅通、资金融通、民心相通，让沿线各国人民共享“一带一路”共建成果。党的十九大报告提出：“要以‘一带一路’建设为重点，坚持引进来和走出去并重，遵循共商共建共享原则，加强创新能力开放合作，形成陆海内外联动、东西双向互济的开放格局。”这充分肯定了“一带一路”建设的重要性，为加强新时代对外开放、推动形成全面开放新格局指明了方向。

——加强自由贸易试验区建设。建立自由贸易试验区是新形势下推进改革开放的重大举措，旨在通过先行先试，为全面深化改革和扩大开放探

---

① 习近平在乌兹别克斯坦最高会议立法院的演讲（全文）. 新华网，2016-06-23.

索新途径、积累新经验。2013 年 9 月，国务院批准《中国（上海）自由贸易试验区总体方案》，要求上海建设具有国际水准的投资贸易便利、监管高效便捷、法制环境规范的自由贸易试验区，使之成为推进改革和提高开放型经济水平的“试验田”，形成可复制、可推广的经验，发挥示范带动、服务全国的积极作用，促进各地区共同发展①。此后，国务院陆续批准在广东、天津、福建、辽宁、浙江、河南、湖北、重庆、四川、陕西等地设立自由贸易试验区。2017 年 3 月，国务院印发《全面深化中国（上海）自由贸易试验区改革开放方案》，提出了“到 2020 年，率先建立同国际投资和贸易通行规则相衔接的制度体系，把自贸试验区建设成为投资贸易自由、规则开放透明、监管公平高效、营商环境便利的国际高标准自由贸易园区”的建设目标。党的十九大报告明确提出要赋予自由贸易试验区更大改革自主权，这为全面深化自由贸易区改革开放、加快构建开放型经济新体制提供了保证。2018 年 4 月，习近平同志宣布，党中央决定支持海南全岛建设自由贸易试验区，支持海南逐步探索、稳步推进中国特色自由贸易港建设，分步骤、分阶段建立自由贸易港政策和制度体系。这是党中央着眼于国际国内发展大局，深入研究、统筹考虑、科学谋划做出的重大决策，是彰显我国扩大对外开放、积极推动经济全球化的重大举措②。

——加快实施自由贸易区战略。党的十八大提出加快实施自由贸易区战略，党的十八届三中、五中全会进一步要求以周边为基础加快实施自由贸易区战略。为落实党中央决策部署，近年来，我国按照“四个全面”战略布局，统筹考虑和综合运用国际国内两个市场、两种资源，加快实施更加主动的自由贸易区战略，加快自由贸易区谈判进程。一是加快构建周边自由贸易区。积极参与并推进《区域全面经济伙伴关系协定》（RCEP）、中日韩自贸区谈判、亚太自由贸易区（FTAAP）的谈判进程，力争与所有毗邻国家和地区建立自由贸易区。二是积极推进“一带一路”沿线自由

① 国务院关于印发中国（上海）自由贸易试验区总体方案的通知．中国政府网，2013-09-27.

② 习近平．在庆祝海南建省办经济特区 30 周年大会上的讲话．人民日报，2018-04-14.

贸易区。中国已经与东盟、巴基斯坦、新加坡、格鲁吉亚、马尔代夫等“一带一路”沿线国家（组织）签署并实施自由贸易协定，并正在与若干国家和组织进行自由贸易区合作谈判，与若干国家启动了自由贸易协定的联合可行性研究，努力将“一带一路”打造成畅通之路、商贸之路、开放之路。三是推动形成全球自由贸易区网络。已与澳大利亚、新西兰、瑞士等发达经济体以及韩国等新兴经济体签署自由贸易协定，正在与海湾合作委员会、挪威等开展自由贸易区谈判，“争取同大部分新兴经济体、发展中大国、主要区域经济集团和部分发达国家建立自由贸易区，构建金砖国家大市场、新兴经济体大市场和发展中国家大市场等”①。截至 2018 年 3 月，中国已经和 24 个国家或地区签署了 16 个自由贸易协定。

——优化区域开放布局。一是把经济特区办得更好。2018 年 4 月，习近平同志在庆祝海南建省办经济特区 30 周年大会上发表讲话，强调：“新形势、新任务、新挑战，赋予经济特区新的历史使命，经济特区要不忘初心、牢记使命，在伟大斗争、伟大工程、伟大事业、伟大梦想中寻找新的方位，把握好新的战略定位。”经济特区要成为改革开放的重要窗口、改革开放的试验平台、改革开放的开拓者和改革开放的实干家②。这是习近平同志对新时代经济特区改革发展提出的新要求，充分体现了党中央办好经济特区、全面深化改革开放的决心和信心。二是支持沿边重点地区开发开放。2015 年，国务院将 5 个重点开发开放试验区、72 个沿边国家级口岸、28 个边境城市、17 个边境经济合作区和 1 个跨境经济合作区纳入沿边重点地区，作为我国深化与周边国家和地区合作的重要平台。主要措施包括：深入推进兴边富民行动，实现稳边安边兴边；改革体制机制，促进要素流动便利化；调整贸易结构，大力推进贸易方式转变；实施差异化扶持政策，促进特色优势产业发展；提升旅游开放水平，促进边境旅游繁荣发展；加强基础设施建设，提高支撑保障水平；加大财税等支持力度，促进经济社会跨越式发展；鼓励金融创新与开放，提升金融服务水平；等等。三是扩大中西部地区和东北地区开放。发挥中西部地区和东北地区在人力成本、

① 国务院关于加快实施自由贸易区战略的若干意见．中国政府网，2015-12-17.

② 习近平．在庆祝海南建省办经济特区 30 周年大会上的讲话．人民日报，2018-04-14.

土地成本等方面的优势，改善营商环境，承接外资产业转移，充分利用中欧班列运能，为“一带一路”建设注入更多新元素，使中西部地区和东北地区成为开放的新高地，推动形成陆海内外联动、东西双向互济的开放格局。

第三节　对外开放水平的不断提高

一、坚持“引进来”和“走出去”相结合

“引进来”和“走出去”是我国对外开放的重大战略举措，也是我国改革开放取得显著成就的重要动力和抓手。“引进来”就是引入境外的资金、技术、人才和管理经验等，以弥补我国在相关方面的不足；“走出去”就是鼓励企业赴境外投资，对外承包工程或对外劳务合作。

“引进来”。在改革开放初期，我国面临的最大困难是资金短缺，因而引进境外的资金为我国所用成为当务之急。1979 年 1 月，邓小平同志针对经济建设资金不足的问题，指出：“现在搞建设，门路要多一点，可以利用外国的资金和技术，华侨、华裔也可以回来办工厂。吸收外资可以采取补偿贸易的方法，也可以搞合营，先选择资金周转快的行业做起。”① 同年 10 月，邓小平同志在谈到利用外资的问题时指出赞成陈云同志的分析，“外资是两种，一种叫自由外汇，一种叫设备贷款。不管哪一种，我们都要利用”②。1980 年，邓小平同志在分析当时的形势和任务时指出：“我们在发展经济方面，正在寻求一条合乎中国实际的，能够快一点、省一点的道路，其中包括……合理地利用外国资金、外国技术等等。”③ 当然，我国引进外资不是盲目地引进，而是为了带动我国经济的发展和技术的进步，正如邓小平同志所说：“引进项目必须是能够带动我们自己的。就是说，引进的项目里有好多东西我们能自己干的，都用我们自己的，有些则用它的图纸，用它的规格，由我们来制造。这样，引进一个项目，可以带动一些行业的发展。引进的技术我

① 邓小平．邓小平文选：第 2 卷．2 版．北京：人民出版社，1994：156.

② 同①198.

③ 中共中央文献研究室．三中全会以来重要文献选编：上．北京：人民出版社，1982：314.

们掌握了，就能够用到其他方面。”① 引进外资的大门打开后，我国“引进来”的步伐不断加快。1979 年至 1984 年，我国实际使用外商直接投资 41.04 亿美元；1985 年，我国实际使用外商直接投资 19.56 亿美元。为进一步扩大引进外资的规模，1986 年，国务院发布《关于鼓励外商投资的规定》，对于在中国境内举办的中外合资经营企业、中外合作经营企业和外资企业给予了一系列特别优惠政策。此后，我国中央和地方陆续出台了很多针对外资的优惠政策，极大地促进了外资的引入。如表 6－1 所示，2016 年，我国实际使用外商直接投资 1 260.01 亿美元，是 1985 年的 64 倍多。1979 年至 2016 年累计实际使用外商直接投资 17 655.24 亿美元②。从外资来源地看，2016 年对华投资前十位国家/地区依次为：中国香港（871.8 亿美元）、新加坡（61.8 亿美元）、韩国（47.5 亿美元）、美国（38.3 亿美元）、中国台湾（36.2 亿美元）、中国澳门（34.8 亿美元）、日本（31.1 亿美元）、德国（27.1 亿美元）、英国（22.1 亿美元）和卢森堡（13.9 亿美元）③。

表 6－1　　我国实际使用外商直接投资情况　　单位：亿美元

年份	金额	年份	金额	年份	金额
1979—1984	41.04	1995	375.21	2006	630.21
1985	19.56	1996	417.26	2007	747.68
1986	22.44	1997	452.57	2008	923.95
1987	23.14	1998	454.63	2009	900.33
1988	31.94	1999	403.19	2010	1 057.35
1989	33.92	2000	407.15	2011	1 160.11
1990	34.87	2001	468.78	2012	1 117.16
1991	43.66	2002	527.43	2013	1 175.86
1992	110.08	2003	535.05	2014	1 195.62
1993	275.15	2004	606.30	2015	1 262.67
1994	337.67	2005	603.25	2016	1 260.01

资料来源：国家统计局．中国统计年鉴（2017）．北京：中国统计出版社，2017.

“走出去”。随着改革开放的不断推进，我国的经济实力不断增强，并积累了一批优秀的企业。这些企业不仅可以在国内生存和发展，而且有潜

① 邓小平．邓小平文选：第 2 卷．2 版．北京：人民出版社，1994：199.

② 国家统计局．中国统计年鉴（2017）．北京：中国统计出版社，2017.

③ 2016 年 1—12 月全国吸收外商直接投资情况．商务部网站，2017-02-04.

力和实力赴境外投资，以进一步扩大市场，提高企业效益。因此，“走出去”就成为这些企业的必然选择。党中央对“走出去”高度重视，党的十四大提出积极扩大我国企业的对外投资和跨国经营，党的十五大提出鼓励能够发挥我国比较优势的对外投资，党的十六大提出坚持“引进来”和“走出去”相结合，党的十七大提出实施“走出去”战略，党的十八大提出要加快“走出去”步伐，党的十九大强调坚持“引进来”和“走出去”并重。可以说，“走出去”是我国全面提高对外开放水平的重大举措，也是中国推进同世界各国互利合作的重要平台。2015年，中共中央、国务院发布《关于构建开放型经济新体制的若干意见》，强调要：“确立企业和个人对外投资主体地位，努力提高对外投资质量和效率，促进基础设施互联互通，推动优势产业走出去，开展先进技术合作，增强我国企业国际化经营能力，避免恶性竞争，维护境外投资权益。”① 建立促进“走出去”战略的新体制，具体举措包括确立并实施新时代“走出去”国家战略、推进境外投资便利化、创新对外投资合作方式、健全“走出去”服务保障体系、“引进来”和“走出去”有机结合等。对外投资方面，2016年，我国对外直接投资流量创历史新高，达1 961.5亿美元，同比增长34.7%，在全球占比达到13.5%，并蝉联全球第二位；中国对外直接投资累计净额（存量）达13 573.9亿美元，在全球占比提升至5.2%，位居第六②。对外承包工程方面，1979年至2016年，累计完成营业额12 457.9亿美元。对外劳务合作方面，1984年年末在外人数为2.76万，到了2016年末则增至59.60万③。

二、对外贸易实现可持续发展

改革开放以前，我国实行高度集中的计划经济体制，加上西方国家对我国实行封锁，因此我国实行了统一管理的外贸体制。改革开放后，为适应建立社会主义市场经济体制的需要，我国对外贸体制进行了改革。1994年国务院发布《关于进一步深化对外贸易体制改革的决定》，提出外贸体

① 中共中央　国务院关于构建开放型经济新体制的若干意见. 中国政府网，2015-09-17.

② 商务部　国家统计局国家外汇管理局联合发布《2016年度中国对外直接投资统计公报》. 商务部网，2018-09-28.

③ 国家统计局. 中国统计年鉴（2017）. 北京：中国统计出版社，2017.

制改革的目标是“统一政策、放开经营、平等竞争、自负盈亏、工贸结合、推行代理制，建立适应国际经济通行规则的运行机制”，主要措施包括改革外汇管理体制、完善外贸宏观管理、转换外贸企业经营机制等。2001 年加入世界贸易组织后，我国积极发挥市场在资源配置中的作用，努力推动贸易自由化。近年来，我国积极巩固外贸传统优势，培育竞争新优势，拓展外贸发展空间，积极扩大进口，努力从贸易大国走向贸易强国。

——货物贸易。货物贸易是“国际上实物形态商品输入和输出的一种贸易方式”①。1978 年，我国货物进出口总额为 206.4 亿美元，其中出口 97.5 亿美元，进口 108.9 亿美元，实现逆差 11.4 亿美元。此后，随着开放水平的不断提高和外贸政策的不断调整，我国货物贸易的规模不断扩大，并实现了贸易顺差。2013 年，我国货物进出口总额达 41 589.9 亿美元，成为全球货物贸易第一大国。到了 2016 年，我国货物进出口总额为 36 855.6 亿美元，其中出口 20 976.3 亿美元，进口 15 879.3 亿美元，实现顺差 5 097.1 亿美元（见图 6 - 1）。

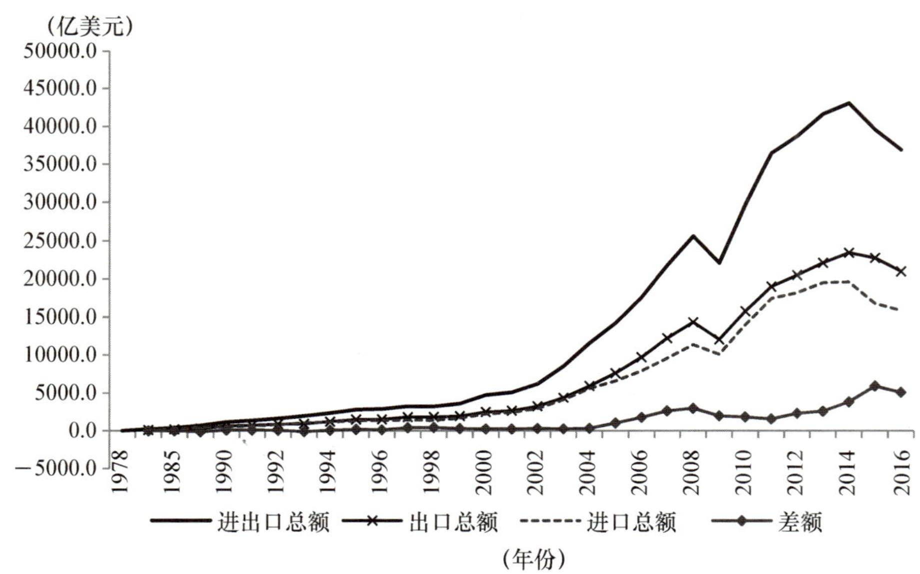

图 6 - 1　我国货物进出口金额

资料来源：国家统计局．中国统计年鉴（2017）．北京：中国统计出版社，2017.

① 杨明基．新编经济金融词典．北京：中国金融出版社，2015.

——服务贸易。服务贸易是“国际上服务输入和输出的一种贸易方式”，“既包括为国际货物贸易服务的运输、保险、金融以及旅游等无形贸易，也包括国际技术贸易、承包劳务合作和知识产权贸易”①。改革开放以来，我国积极推动服务业和服务贸易领域的开放、改革与创新，放宽金融保险等领域外资准入限制，推进电信、文化、教育、交通运输等领域有序开放，从而促进了我国服务业和服务贸易的快速发展。1982 年，我国服务进出口总额为 45 亿美元，其中出口 26 亿美元，进口 19 亿美元，实现顺差 8 亿美元。2016 年，我国服务进出口总额达 6 575 亿美元，规模居世界第二位，其中出口 2 083 亿美元，进口 4 492 亿美元，实现逆差 2 409 亿美元（见图 6－2）。

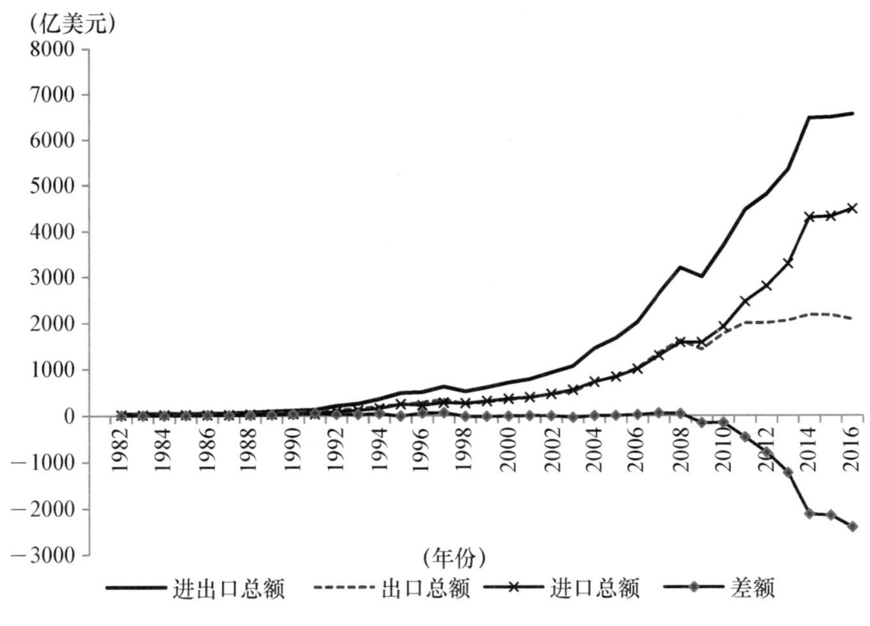

图 6－2　我国服务进出口金额

资料来源：国家统计局．中国统计年鉴（2017）．北京：中国统计出版社，2017．

① 杨明基．新编经济金融词典．北京：中国金融出版社，2015．

第七章　总结与展望

改革开放 40 年，是综合国力不断提升的 40 年，是经济面貌焕然一新的 40 年，是人民生活水平不断提高的 40 年。在 40 年成就的基础上，我们要认真总结经验，提高理论水平和工作本领，以更加饱满的热情和更加积极的姿态，踏上全面建设社会主义现代化国家新征程。

第一节　改革开放以来我国经济建设的若干经验

一、始终坚持以经济建设为中心

以经济建设为中心，是党和国家兴旺发达和长治久安的根本要求，是中国特色社会主义经济建设取得辉煌成就的前提条件。党的十一届三中全会指出“全党工作中心转变的条件已经具备”，并发出“把全党工作的着重点和全国人民的注意力转移到社会主义现代化建设上来”的号召。这里讲的现代化是工业、农业、国防和科学技术的现代化，现代化建设最根本的就是经济建设。1980 年，邓小平同志在中央召集的干部会议上指出，“四个现代化，集中起来讲就是经济建设”，“现代化建设的任务是多方面的，各个方面需要综合平衡，不能单打一。但是说到最后，还是要把经济建设当作中心。离开了经济建设这个中心，就有丧失物质基础的危险。其他一切任务都要服从这个中心，围绕这个中心，决不能干扰它，冲击它”①。党的十一届六中全会强调："党和国家工作的重点必须转移到以经济建设为中心的社会主义现代化建设上来，大大发展社会生产力，并在这个基础上逐步改善人民的物质文化生活。"② 1987 年，党的十三大在正确认识我国社会所处的历史阶段的基础上，明确提出党的基本路线是：**“领导和团结全国各族人民，以经济建设为中心，坚持四项基本原则，坚持改革开放，自力更生，艰苦创业，为把我国建设成为富强、民主、文明的社会主义现代化国家而奋斗。”**③

党的基本路线是党在社会主义初级阶段必须长期坚持的路线，也是我国社会主义现代化建设的根本遵循。邓小平同志曾经语重心长地指出："基本路线要管一百年，动摇不得。只有坚持这条路线，人民才会相信你，拥护你。"④ 江泽民同志在总结改革开放以来的成就时指出："十四年伟大实践的经验，集中到一点，就是要毫不动摇地坚持以建设有中国特色社会主义理论为指导的党的基本路线。这是我们事业能够经受风险考验，顺利达到目标的最可靠的保证。"⑤ 胡锦涛同志指出："党的基本路线是党和国家的生命线，是实现科学发展的政治保证。"⑥ 习近平同志在党的十九大报告中强调要“牢牢坚持党的基本路线这个党和国家的生命线、人民的幸福线”⑦。

在“一个中心、两个基本点”的基本路线中，以经济建设为中心是兴国之要。我国还处于社会主义初级阶段，生产力发展水平还不高，发展还

---

① 中共中央文献研究室. 三中全会以来重要文献选编：上. 北京：人民出版社，1982：307，318.

② 中共中央文献研究室. 三中全会以来重要文献选编：下. 北京：人民出版社，1982：839-840.

③ 中共中央文献研究室. 十三大以来重要文献选编：上. 北京：人民出版社，1991：15.

④ 中共中央文献研究室. 十三大以来重要文献选编：下. 北京：人民出版社，1993：1852.

⑤ 中共中央文献研究室. 十四大以来重要文献选编：上. 北京：人民出版社，1996：14.

⑥ 中共中央文献研究室. 十七大以来重要文献选编：上. 北京：中央文献出版社，2009：13.

⑦ 习近平. 决胜全面建成小康社会　夺取新时代中国特色社会主义伟大胜利. 人民日报，2017-10-28.

很不平衡。社会主义的本质是解放生产力，发展生产力，消灭剥削，消除两极分化，最终达到共同富裕。只有以经济建设为中心，把经济搞上去，才能解放和发展生产力，并实现共同富裕的目标。改革开放以来取得的成就表明，以经济建设为中心是正确的，“一个中心、两个基本点”的基本路线必须长期坚持下去。展望未来，我们仍将长期处于社会主义初级阶段，必须继续毫不动摇地坚持党的基本路线，把经济建设摆在十分突出的地位，努力把我国建成社会主义现代化国家。

二、始终坚持正确的发展理念

经济发展，理念先行。改革开放以来，我们高度重视理念对经济发展的指引作用，并根据改革开放不同阶段的不同特点提出相应的发展理念。在改革开放初期，我们刚从“以阶级斗争为纲”的路线中走出来，且当时的生产力发展水平十分落后，对此，1980 年邓小平同志指出，“归根到底是要使我们发展起来”，“讲社会主义，首先就要使生产力发展，这是主要的”①。此后，邓小平同志还提出了“中国解决所有问题的关键是要靠自己的发展”“发展才是硬道理”等著名论断。这些论断充分体现了邓小平同志重视发展的理念，为改革开放和社会主义现代化建设提供了指南。20 世纪 80 年代末到 90 年代，我国面临复杂的国际国内环境，江泽民同志提出要正确处理改革、发展、稳定的关系，指出：“改革是动力，发展是目标，稳定是前提。”② 进入新世纪，我国进入了全面建设小康社会、加快推进社会主义现代化的新的发展阶段，为贯彻“三个代表”重要思想要求，努力开创建设有中国特色社会主义事业新局面，江泽民同志强调“必须把发展作为党执政兴国的第一要务，不断开创现代化建设的新局面”③。随着改革开放的深入推进，我国面临不断推进全面建设小康社会进程、开创中国特色社会主义事业新局面的新形势新任务新要求。胡锦涛同志指出，“要解决中国的发展问题，实现又快又好发展，必须牢固树立和认真落实科学发

① 邓小平. 邓小平文选：第 2 卷. 2 版. 北京：人民出版社，1994：312，314.

② 江泽民. 江泽民文选：第 1 卷. 北京：人民出版社，2006：365.

③ 江泽民在中央党校省部级干部进修班毕业典礼上的重要讲话（5·31 讲话）. 央视网，2002-09-19.

展观”，“正确处理以经济建设为中心和全面发展的关系、加快发展和协调发展的关系、当前发展和可持续发展的关系，把科学发展观贯穿于发展的整个过程和各个方面，推进各项事业更快更好发展”①。

党的十八大以来，中国特色社会主义进入新时代，决胜全面建成小康社会有了新任务，我国发展的环境、条件、要求等也都发生了新变化。习近平同志准确把握中国特色社会主义经济发展规律，强调发展是解决我国一切问题的基础和关键，并从全局和战略的高度提出了创新、协调、绿色、开放、共享的新发展理念。新发展理念是顺应时代潮流、把握发展机遇、厚植发展优势的战略抉择，也是具有内在联系的集合体，其中，创新是引领发展的第一动力，协调是持续健康发展的内在要求，绿色是永续发展的必要条件和人民对美好生活追求的重要体现，开放是国家繁荣发展的必由之路，共享是中国特色社会主义的本质要求。新发展理念管全局、管根本、管方向、管长远，集中体现了当前和今后我们的发展思路、发展方向、发展着力点，是我们党的重大理论创新成果，是习近平新时代中国特色社会主义思想的主要内容，是新时代坚持和发展中国特色社会主义的基本方略，也是我国经济社会发展必须长期坚持的重要遵循。

三、始终坚持党对经济工作的领导

党的十九大报告明确指出：“中国特色社会主义最本质的特征是中国共产党领导，中国特色社会主义制度的最大优势是中国共产党领导，党是最高政治领导力量。”② 坚持党的领导是我国四项基本原则之一，也是新时代坚持和发展中国特色社会主义的基本方略之一。历史和现实雄辩地证明，只有中国共产党才能救中国，只有中国共产党才能发展中国。

经济建设是全党全国工作的中心，坚持党对一切工作的领导，意味着必须坚持党对经济工作的领导。习近平同志指出：“加强党对经济工作

① 中共中央文献研究室．十六大以来重要文献选编：中．北京：中央文献出版社，2006：61，62．

② 习近平．决胜全面建成小康社会　夺取新时代中国特色社会主义伟大胜利．人民日报，2017-10-28．

的领导，有利于集思广益、凝聚共识，有利于调动各方、形成合力。”① “我们党是执政党，抓好经济工作责无旁贷、义不容辞。”② 改革开放以来的实践充分说明，坚持党的领导是我国社会主义经济建设取得辉煌成就的保证。

党对经济工作的领导，体现在党总揽全局、统筹谋划，领导制定中国特色社会主义经济建设重大方针政策上。“做好经济工作是我们党治国理政的重大任务。”③ 1978 年党的十一届三中全会召开，我们党高瞻远瞩，做出了把工作中心转入社会主义现代化建设的伟大决策，由此拉开了改革开放的大幕。可以说，正是因为有了党的正确领导，我们才能踏上社会主义经济建设的正确道路。在改革开放 40 年来的征程中，我们党从改革开放和我国社会主义现代化建设的大局出发，准确把握时代特征和社会主义矛盾的变化，因时因地制定各种正确的方针政策。其间，我们经历了各种各样的考验，但无论是自然灾害的威胁，还是政治风波的干扰，无论是生态环境的压力，还是国际金融危机的冲击，我们党都保持了战略定力，审时度势、沉着应对，确保我国的经济建设沿着正确的方向前进。

党对经济工作的领导，体现在党协调各方、凝心聚力，团结带领全国各族人民投身社会主义现代化建设上。改革开放以来，党中央迎难而上，开拓进取，不忘初心，牢记使命，高举中国特色社会主义伟大旗帜，以高度的政治责任感和使命感，永不懈怠的精神状态和一往无前的奋斗姿态，集中全国人民的智慧和力量聚精会神搞建设，一心一意谋发展，带领人民取得社会主义经济建设的一个又一个辉煌成就。各级各地区党委一方面抓贯彻落实，确保中央的经济政策不折不扣地得到执行，另一方面抓能力建设，加强对地方或部门重大经济问题的研究，提高经济决策水平和经济管理能力。我们党还培养选拔了一大批懂政治、懂经济、会管理的领导干部充实各级领导班子，不断增强党领导经济工作的专业化能力。

---

① 习近平．习近平关于社会主义经济建设论述摘编．北京：中央文献出版社，2017：318.

② 同①321-322.

③ 同①334.

第二节　社会主义经济建设展望

一、坚持以习近平新时代中国特色社会主义思想为指导

党的十八大以来，以习近平同志为核心的党中央坚持观大势、谋全局、干实事，准确把握世情国情的变化，对经济形势做出科学判断，成功驾驭了我国经济发展大局，在实践中形成了包含新发展理念的习近平新时代中国特色社会主义思想。这一思想关于经济建设的主要内容包括：坚持加强党对经济工作的集中统一领导，保证我国经济沿着正确方向发展；坚持以人民为中心的发展思想，并将其贯穿到统筹推进“五位一体”总体布局和协调推进“四个全面”战略布局之中；坚持适应把握、引领经济发展新常态，立足大局，把握规律；坚持使市场在资源配置中起决定性作用，更好发挥政府作用，坚决扫除经济发展的体制机制障碍；坚持适应我国经济发展主要矛盾变化，完善宏观调控，相机抉择，开准药方，把推进供给侧结构性改革作为经济工作的主线；坚持问题导向，部署经济发展新战略，对我国经济社会发展变革产生深远影响；坚持正确的工作策略和方法，稳中求进，保持战略定力、坚持底线思维，一步一个脚印向前迈进①。习近平新时代中国特色社会主义思想关于经济建设的论述，是十八大以来推动我国经济发展实践的理论结晶，是中国特色社会主义政治经济学的最新成果，是党和国家十分宝贵的精神财富。我们必须长期坚持并不断丰富发展习近平新时代中国特色社会主义思想，用以指导社会主义经济建设的实践，推动社会主义经济建设取得更加辉煌的成就。

二、推动高质量发展

中国特色社会主义进入了新时代，我国经济发展也进入了新时代，基本特征就是我国经济已由高速增长阶段转向高质量发展阶段。推动经济高

---

① 中央经济工作会议在北京举行. 人民日报，2017-12-21.

质量发展，是适应我国社会主要矛盾变化的客观要求，是我国经济发展水平不断提高的必然结果，也是全面建成小康社会、全面建设社会主义现代化国家的迫切需要。高质量发展意味着我们不是简单地追求社会财富或经济总量的增长，而是更多地推动经济结构的优化、生活质量的提高、生态环境的改善，实现经济持续健康发展。过去有些地方采用粗放式的增长方式，盲目追求经济增长的速度和规模，并以此为政绩，有些地方忽视人与自然的和谐发展，以牺牲环境为代价，只顾经济效益而不顾社会效益，这些都是与高质量发展格格不入的。可见，高质量发展是在“量”的基础上着重强调“质”。在全面建设社会主义现代化国家的新征程中，我们必须统筹推进“五位一体”总体布局和协调推进“四个全面”战略布局，按照高质量发展的要求，确定发展思路、制定经济政策、实施宏观调控，加快形成推动高质量发展的指标体系、政策体系、标准体系、统计体系、绩效评价、政绩考核，创建和完善制度环境，打好转变发展方式、优化经济结构、转换增长动力的攻坚战，推动我国经济在实现高质量发展上不断取得新进展。

三、建设现代化经济体系

当前，我国正处在转变发展方式、优化经济结构、转换增长动力的攻坚期，建设现代化经济体系是跨越关口的迫切要求和我国发展的战略目标。建设现代化经济体系就是要坚持质量第一、效益优先，以供给侧结构性改革为主线，推动经济发展质量变革、效率变革、动力变革，提高全要素生产率，着力加快建设实体经济、科技创新、现代金融、人力资源协同发展的产业体系，着力构建市场机制有效、微观主体有活力、宏观调控有度的经济体制，不断增强我国经济创新力和竞争力。一是深化供给侧结构性改革，推进中国制造向中国创造转变，中国速度向中国质量转变，制造大国向制造强国转变。二是加快建设创新型国家，把创新摆在国家发展全局的核心位置，坚定实施创新驱动发展战略，加强国家创新体系建设，培养造就高端科技创新人才队伍。三是实施乡村振兴战略，坚持把解决好“三农”问题作为全党工作重中之重，坚持农业农村优先发展，实现农业强、农村美、农民富。四是实施区域协调发展战略，增强区域发展的协同性、联动性、整体性，建立更加有效的区域协调发展新机制。五是加快完善社会主义市场经济体制，处理好政府和市场的关系，使市场在资源配置中起决定性作用和更好发挥政府作用。六是推动形成全面开放新格局，坚持对外开放的基本国策，坚持打开国门搞建设，向着构建人类命运共同体的目标不断迈进。

“雄关漫道真如铁，而今迈步从头越。”我们要紧密团结在以习近平同志为核心的党中央周围，把思想和行动统一到党的十九大精神上来，统一到党中央对全国经济工作的部署上来，坚持稳中求进工作总基调，坚持新发展理念，锐意进取，埋头苦干，谱写新时代中国特色社会主义发展的壮丽篇章，为把我国建成社会主义现代化国家而努力奋斗！

图书在版编目（CIP）数据

经济建设新成就/汪立峰著. —北京：中国人民大学出版社，2019.6
（“改革开放与新时代”研究丛书）
ISBN 978-7-300-26275-8

Ⅰ.①经… Ⅱ.①汪… Ⅲ.①中国经济-经济建设-成就 Ⅳ.①F124

中国版本图书馆 CIP 数据核字（2018）第 217657 号

“改革开放与新时代”研究丛书
经济建设新成就
汪立峰 著

出版发行 中国人民大学出版社
社　　址 北京中关村大街 31 号　　**邮政编码** 100080
电　　话 010－62511242（总编室）　010－62511770（质管部）
010－82501766（邮购部）　010－62514148（门市部）
010－62515195（发行公司）　010－62515275（盗版举报）
网　　址 http://www.crup.com.cn
经　　销 新华书店
印　　刷 天津中印联印务有限公司
规　　格 165 mm×230 mm　16 开本　　**版　　次** 2019 年 6 月第 1 版
印　　张 8.75 插页 1　　**印　　次** 2019 年 6 月第 1 次印刷
字　　数 130 000　　**定　　价** 42.00 元